Traumdeutung

Traumdeutung

Traumsymbole und ihre Bedeutung

7HILL

Dieses Buch soll dem Einzelnen als Anregung dienen. Für seine Handlungen ist der Einzelne jedoch selbst verantwortlich. Eine Haftung des Verlages für Umstände, die aus oder im Zusammenhang mit der Nutzung des Buches resultieren, ist ausgeschlossen. Insbesondere ersetzt dieses Buch keine professionelle medizinische oder psychologische Hilfe bei Krankheiten und sonstigen Beschwerden.

Traumdeutung. Traumsymbole und ihre Bedeutung

7Hill ist ein Imprint der Tandem Verlag GmbH

Autorin: Birgit Althaus (für Lesezeichen Verlagsdienste)
Illustrationen: Ulrike Selders (für Lesezeichen Verlagsdienste)
Fotos: Seite 15, 164, 177: Gregor Wende; Seite 264: Jürgen Weleczka;
Seite 215, 241: Winfried Loll
Layout: ce redaktionsbüro, Köln
Redaktion und Satz: Lesezeichen Verlagsdienste, Köln
Einbandgestaltung und Einbandabbildung: Oliver Wirth, Paderborn
Gesamtherstellung: Tandem Verlag GmbH, Potsdam

Printed in China

ISBN 978-3-8331-6085-1

10 9 8 7 6 5 4 3 2 1

Inhalt

Einleitung

Träume sind Schäume – so heißt es im Sprichwort. Aber das glauben Sie nicht, sonst läge dieses Buch jetzt nicht in Ihren Händen. Für Sie haben Ihre Träume einen Sinn, den Sie gerne entschlüsseln möchten. Dann geht es Ihnen wie all den Menschen, die seit Anbeginn der Zeiten versuchten, den Sinn ihrer Träume zu ergründen.

Das Faszinierende an Träumen ist, dass sie so ganz unser sind und dennoch fremd. Kein Traum gleicht dem anderen, und doch sind sie alle gleich. Jeder Traum ist gleichzeitig neu und doch uralt.

Ein Traum spricht in Rätseln zu uns. Er hat seine eigene Sprache, die uns bekannt ist, ohne dass wir sie gelernt hätten. Lassen Sie uns gemeinsam dieses Geheimnis lüften!

Wenn Sie glauben, Sie bräuchten nur das Symbollexikon aufzuschlagen und nachzulesen, was Ihr Traum bedeutet, werden Sie enttäuscht sein und sich von Ihren Träumen abwenden. Wollen Sie aber wirklich das Potenzial nutzen, das Ihre Träume Ihnen bieten, sollten Sie nicht in die alte Weise der Traumwahrsagerei (Oneiromantie) verfallen, die die Menschheit jahrtausendelang begleitet hat.

Im letzten Jahrhundert begann mit einem großen Forscher und Wissenschaftler der Weg, den die Traumdeutung (Oneirologie) seitdem erfolgreich beschritten hat: Sigmund Freud. Seine Erkenntnisse sowie die seiner Weggefährten und Nachfolger haben die Traumdeutung zu dem gemacht, was sie heute ist: eine Wissenschaft, die die heilenden, schöpferischen und kreativen Kräfte der Träume für jeden zugänglich macht, der willens ist, sich intensiv und wahrhaftig mit seinen Träumen auseinander zu setzen.

Das vorliegende Buch bietet Ihnen eine Einführung in die Deutung der eigenen Träume. Doch so wie die Träume für uns während der Nacht arbeiten, so müssen Sie tagsüber Ihr Scherflein beitragen, wenn es darum geht, die Träume aufzuarbeiten und zu verstehen. Der Begriff *Traumarbeit* hat also zwei Seiten. Ein Traum würde jetzt möglicherweise in verschiedenen Bildern so zu Ihnen sprechen: „Ohne Fleiß kein Preis“, „Nur wer sät, wird ernten“ oder „Jeder ist seines Glückes Schmied“. Also seien Sie schlau wie ein Fuchs, emsig wie eine Ameise und beharrlich wie ein Esel: Sammeln Sie Ihre Träume, lernen Sie deren Sprache kennen, und erkennen Sie sich selbst. Sie selbst sind der beste Deuter Ihrer Träume.

Haben Ihre Träume permanent Albtraumcharakter und quälen Sie, dann sind es Angstträume, für deren Deutung Sie professionelle Hilfe in Anspruch nehmen sollten. Hat Ihnen dagegen unsere Einführung die faszinierende Welt der Träume näher gebracht und Sie wollen mehr erfahren, dann finden Sie am Ende dieses Bandes weitere Literatur.

Traumdeutung von der Antike bis zur Moderne

Immer schon haben die Menschen geträumt und ihren Träumen auch große Bedeutung beigemessen. Schon sehr früh wurde nach Erklärungen gesucht, woher diese Fähigkeit zu träumen kommt, warum wir überhaupt träumen und welchen Einfluss das Traumgeschehen – welches sich ja unserem Bewusstsein entzieht – auf uns hat. Zu allen Zeiten gab es professionelle Traumdeuter, Niederschriften von Träumen und Anweisungen zur Deutung von Traumsymbolen.

Träume haben etwas Geheimnisvolles, und Geheimnisse wollen vom menschlichen Geist nun einmal entschlüsselt werden. Irgendeinen Sinn müssen Träume haben, sonst würden wir sicherlich nicht träumen.

Die Beschäftigung mit Träumen hat also zwei Komponenten: Der Träumer möchte gerne erfahren, was sein Traum wohl bedeuten soll, und der Deuter hat die Aufgabe, dem

Träumenden mit seiner Erfahrung und Kenntnis der Traumsymbole zur Seite zu stehen.

Je nach Kultur wurde den Träumen unterschiedliche Bedeutung zuteil. Sie waren Botschaften der Götter, sie konnten in die Zukunft weisen, oder sie hatten heilende Kräfte. Träume von Privatpersonen, Politikern, Religionsführern oder Kulturschaffenden hatten so auch unterschiedliche Wertigkeiten für ihr Umfeld. An den Höfen von Herrschern und Königen gab es eine Vielzahl von Kundigen, die die Zukunft deuten konnten, auch aus Träumen. In religiösen Zentren und Kultstätten gab es Traumdeuter, die jedermann aufsuchen konnte – gegen Bezahlung natürlich. Und manche Kulturen erkannten die heilsame Wirkung von Träumen sehr früh.

Der Traum eines Königs und Heerführers hatte andere Folgen als der eines Kaufmanns. Der Traum eines Propheten wurde zum Glaubensbekenntnis, die Träume von Schriftstellern oder Malern schlugen sich in ihren Werken nieder, und die Träume von jedermann bewirken vielleicht, dass ein Leben auf den Kopf gestellt oder eine Reise angetreten wird. Manchmal zeigen sie auch, dass eine Sehnsucht lange unterdrückt wurde.

Die Sinnsuche, was bedeuten unsere Träume, zieht sich durch die Jahrtausende. Oft muten 4000 Jahre alte Erkenntnisse nach heutigem psychologischem Verständnis erstaunlich modern an. Oft können wir über die Erklärungen nach dem Ursprung der Träume auch nur schmunzeln, und oft sind wir einfach erstaunt, mit welcher Selbstverständlichkeit Träume in den Alltag integriert waren und teilweise noch sind.

Rechts: So wie diese Bergspitzen liegt auch die Bedeutung unserer Träume oft im Nebel, der durchdrungen werden muss.

Alte Kulturen

Die Erklärung von natürlichen, historischen und persönlichen Zusammenhängen – wie steht der Mensch in der Welt und zur Welt geschah immer durch die Bildung von Mythen, die Sinn stiften sollten. Die Entstehung der Welt, der Schöpfung, der Religion usw. waren göttliche Fügung. Die Menschen erfuhren auf unterschiedliche Weise von dieser göttlichen Bestimmung.

Eine Möglichkeit, wie die Götter zu den Menschen sprechen konnten, waren die Träume. Schriften von ca. 2600 v. Chr. bis ins Mittelalter, sogar bis in die Neuzeit, erzählen von Träumen, die Entscheidungen und Handlungen beeinflusst haben. So wurde beispielsweise das Datum von so verschiedenen privaten und öffentlichen Ereignissen wie Hochzeiten und kriegerischen Auseinandersetzungen festgelegt.

Babylonien, Assyrien

Eine der ältesten überlieferten Schöpfungsmythen aus Babylon, das Gilgamesch-Epos, spielt in einer Zeit ungefähr 2600 v. Chr. König Gilgamesch begegnet in der Unterwelt dem Gott Ea, dem Gott des Wissens. Dieser schenkt ihm Träume, die ihn leiten und ihm helfen, weil er durch sie von den Absichten der Götter erfährt.

Aus der Regierungszeit des Königs Hammurabi (2. Jahrtausend v. Chr.) sind Tafeln eines Traumbuchs erhalten. Die Träume sind nach Handlungen geordnet (Arbeiten, Essen, Trinken, Sexualität), und die Deutungen beziehen teilweise die Lebensumstände des Träumenden mit ein. Viele Träume handeln vom Fliegen und Fallen, Wünschen, Tieren und Todesängsten. Auch von König Nebukadnezar (6. Jahrhundert v. Chr.) berichten Überlieferungen, dass er den Propheten Daniel nach der Deutung seiner Träume befragt hat. Die Chaldäer genossen im babylonischen Reich hohes Ansehen für ihr wissenschaftliches Können und so auch für ihre Kunst der Traumauslegung. Im späteren Sprachgebrauch wurden alle Traumdeuter zu Chaldäern.

In der berühmten Bibliothek von Ninive des assyrischen Königs Assurbanipal, der im 7. Jahrhundert v. Chr. regierte, sind ebenfalls Schriften erhalten, die u. a. seine Träume erzählen und auslegen.

Indien

Indische Traumbücher des Altertums, so die Schrift „Jagaddeva", legen Träume einerseits sehr psychologisch aus, aber oft im Hinblick auf die Vergeltung von guten oder bösen Taten im realen Leben.

Auch die Buddha-Legende erzählt von vielen Träumen. Seine Mutter soll vor seiner Geburt von seiner zukünftigen Bestimmung als geistiger Führer und Religionsstifter geträumt haben, so wie auch Buddha selbst im Traum die Ausbreitung seines Glaubens vorhergesehen habe.

China

In China ging man einerseits schon sehr pragmatisch mit Träumen, den Botschaften von Göttern oder Dämonen, um. So gibt ein Liederbuch aus dem 12. Jahrhundert v. Chr. klare Interpretationen, was eine Schwangere erwartet: Bären oder Affen im Traum bedeuten einen Jungen, Schlangen und Nattern dagegen Töchter. Andererseits war der Traum auch Anlass für schon eher philosophische Deutungen: Tschuang-tse, ein Schüler Laotses, stellte im 4. Jahrhundert v. Chr. Überlegungen an, welches denn nun die wirkliche Welt wäre, die des Traumes oder die Alltägliche. Im 8. Jahrhundert n. Chr. lösten sich die Chinesen dann von ihrer bisherigen Einschätzung, dass Träume Götterbotschaften seien, und wandten sich einer moderneren Seelenkunde zu: Die Seele tritt im Traum aus und wandelt umher.

Ägypten

Für die Ägypter war das Reich der Träume das Zwischenreich, in dem sich Götter und Menschen treffen konnten. Wie ein Lexikon zu nutzen war das „Hieratische Traumbuch" (2. Jahrtausend v. Chr.), das zwischen guten und schlechten Träumen unterschied. Die ägyptische Traumdeutung verlangte, nach den Lebensumständen und dem Charakter des Träumenden zu fragen, denn zwischen Traumbildern und Leben herrschen Ähnlichkeiten. Auch wurde auf die Mehrdeutigkeit von Symbolen hingewiesen. In ägyptischen Tempeln (Memphis, Sakkara) lebten Traumdeuter, eine Art Priester, von dem Auslegen der Träume. Nach bestimmten Riten konnten Menschen, die Hilfe suchten (Heilung von Krankheiten, Offenbarung ihres zukünftigen Lebens), in den Tempelräumen schlafen und am nächsten Tag ihren Traum deuten lassen. Manchmal mussten sie aber auch Tage oder Wochen auf den einen, wichtigen Traum warten. Hier wurde aus der Traumdeutung eine Art religiöser Kult.

Die Bibel

Das Alte Testament kennt hauptsächlich prophetische Träume. Alle Träume sind von Gott gesandt, um den Menschen die Wahrheit zu verkünden, Entscheidungen herbeizuführen oder zu warnen. Bekannt sind Josephs Träume, die zu seiner Verstoßung führten, sowie seine berühmten Deutungen für den ägyptischen Pharao, der von sieben fetten und sieben mageren Kühen träumte. Joseph interpretierte sie so, dass die nächsten sieben Jahre reiche Ernte brächten, von der man für die dann folgenden sieben Jahre mit schlechter Ernte etwas zurücklegen möge.

Im Neuen Testament werden Träume von Gott eingesetzt, um die Menschen auf ihrem Weg zu begleiten, zu schützen oder ihnen Mut zuzusprechen.

Rechts: Eine Frau mit Schlange – als Eva, die Verführerin, ist dies ein uraltes Motiv aus der Bibel, das vielfältige moderne Interpretationen zulässt.

Arabien

Die Grundlage des Islam, der Koran, ist Mohammed im Traum von Erzengel Gabriel offenbart worden. Im Koran steht die Weisung, dass niemand über seine Träume die Unwahrheit sagen darf, ansonsten werde er am Tage der Auferstehung bestraft. So wurden Traumdeuter in der islamischen Kultur hochgeschätzt. Das ausführlichste arabische Traumbuch verfasste Ibn Sirin im 8. Jahrhundert. Sein „Buch der gesammelten Träume" empfiehlt Deutungen aufgrund des Gleichklangs von Wörtern, der Ähnlichkeit mit Koransuren und der Umsetzung in Zahlensymbole. Außerdem wird dort eine symbolische Deutung beschrieben, die teilweise psychoanalytisches Traumverständnis kennt wie die Gleichsetzung von Messer und Penis. Bei jeder Deutung ist das Temperament, der Beruf, der Charakter, die Abstammung und die Umgebung des Träumenden zu berücksichtigen.

Europa

Bei den Griechen

Sowohl die griechischen Dichter (z.B. Hesiod, Euripides, Homer) als auch die Philosophen (u.a. Sokrates, Platon, Aristoteles) und Wissenschaftler (Demokrit, Hippokrates u.v.m.) beschäftigten sich mit der Herkunft der Träume und ihrer Bedeutung für den Menschen. Ein wichtiger Kult entwickelte sich um Asklepios (lat. Äskulap), den Gott der Heilkunst. In über 600 Tempeln hofften Kranke, im Schlaf einen Weg zu ihrer Heilung zu finden. Besonders günstig waren Träume, in denen Asklepios selbst erschien und das kranke Körperteil mit der Hand berührte.

Auch das umfassendste, bekannteste und in seiner Wirkung über ganz Europa und Arabien verbreitete Traumbuch wurde von einem Griechen verfasst. Artemidoros von Daldis (2. Jahrhundert n. Chr.) verfasste seine fünfbändige „Oneirokritika" als Zusammenfassung des Wissensstandes seiner Zeit, systematisierte die Träume und erklärte Traumsymbole aus über 3000 Träumen psychologisch sehr modern. Er berücksichtigte sowohl die Person der Träumers, den Charakter des Deuters, die Mehrdeutigkeit der Symbole und erkannte, dass Träume das Ergebnis einer Arbeit der Seele während des Schlafes sind.

Bei den Römern

Bei den Römern wurden Träume auch gedeutet, besonders Träume der Kaiser sind überliefert (Cäsar, Augustus, Nero, Marc Aurel, Konstantin). Cicero jedoch hat alles, was mit Träumen zu tun hatte, sehr kritisch betrachtet und abgelehnt. Träume wurden zum Teil auch als gefährlich angesehen, weil das nächtliche Seelenleben nicht vom Staat kontrolliert werden konnte (Tiberius). Römische Traumdeuter griffen ausschließlich auf die damals bekannte Literatur der Griechen und Araber zurück.

Im Mittelalter

Die Kirche stand den Träumen eher skeptisch gegenüber. Gute Träume wurden zwar noch als göttliche Botschaften verstanden, aber Träume, die nicht in dieses Schema passten, wurden für belanglos gehalten oder kamen sogar vom Teufel. Augustinus (4. Jahrhundert) erklärte, dass Träume reine Fantasiegebilde, Ausdruck von Bedürfnissen oder aber Visionen seien. Papst Gregor (8. Jahrhundert) verbot die Traumdeutung bei Todesstrafe. Träume seien Teufelswerk und ein Beweis für den Verkehr mit Dämonen (Hexenverfolgung). Diese Ambivalenz zwischen menschlich, gottgegeben oder teuflischer Einflüsterung zieht sich durch das ganze Mittelalter. Trotzdem ist die Zahl der kopierten Traumdeutungsbücher, besonders das des Artemidoros von Daldis, sehr hoch. Traumdeutung blühte im Geheimen, auf Marktplätzen und in Hinterstuben. Die Symbolbedeutungen erfuhren eine deutliche Konkretisierung (z. B. „Siehst du einen Mohr, bekommst du am nächsten Tag Kohlen.") und wurden somit immer unbrauchbarer für eine lebensnahe Deutung.

Wissenschaftliche Erkenntnisse gab es während dieser Zeit nicht, auch wenn es z. B. Hinweise auf die Bedeutung der Träume bei Albertus Magnus (13. Jahrhundert) gab. Dieser beobachtete zwar treffsicher, dass sich in Träumen unausge-

Rechts: In der Romantik wurde der Natur sowie den Gefühlen und Träumen große Bedeutung beigemessen.

lebte Bedürfnisse und Wünsche des Wachzustands äußerten, erklärte aber gleichzeitig die Entstehung der Träume mit dem Niederschlag warmer Dämpfe im kühlen Gehirn.

Aufklärung

Die Beschäftigung mit Träumen war während der Aufklärung bedeutungslos. Traumgebilde und Fantasie widersprechen Vernunft und Aufklärung. Träume wurden als körperliche Reize gedeutet, die der Träumende im Schlaf erfährt.

Thomas Hobbes (1588–1679) erklärte aggressive, hitzige Träume mit dem Schwitzen des Schläfers unter der offensichtlich zu warmen Bettdecke. Und auch Immanuel Kant (1724–1804) sah die Ursache seiner Angstträume in seinem verdorbenen Magen.

Romantik

Erst die Romantiker und hier vor allem die Dichter erkannten den Zusammenhang zwischen Traumsymbolen und Märchenmotiven. Sie erfassten die Sprache des Traums als eine dem Menschen ureigene, angeborene Fähigkeit zu sprechen. Carl Gustav Carus (1789–1869) deutete in seinem Werk „Psyche" das Unbewusste, so auch die Träume, als Wegweiser zum bewussten Seelenleben.

BEGINN DER MODERNE

Die wissenschaftliche Traumdeutung begann mit Sigmund Freuds (1856–1939) bahnbrechendem Werk „Die Traumdeutung", das er 1900 veröffentlichte. Freud suchte als Arzt und Psychiater einen therapeutischen Zugang zu den unbewusst ablaufenden seelischen Vorgängen. Dabei stieß er auf die Träume, die ihm von seinen Patienten erzählt wurden, und erkannte sie als Schlüssel zu seelischen Vorgängen, die aus dem Bewusstsein verdrängt wurden. Das Ich kann Wünsche, Begierden und Triebe nicht ausleben, weil sie verboten und/oder unmoralisch sind und der Mensch somit in Konflikt mit der Gesellschaft geraten würde. Das Bewusstsein überwacht das Verhalten des Ichs und kontrolliert es. Nicht so im Traum. Während das Bewusstsein schläft, kann das Unbewusste alles ausleben. Dabei vermischen sich dann die Bilder des Unbewussten mit aktuellen Erinnerungen. Der Schwerpunkt von Freuds Interpretationen der im Traum vorkommenden Symbole lag auf sexuellen Inhalten, die seiner Meinung nach hauptsächlich ins Unbewusste verdrängt wurden.

Alfred Adler (1870–1937), ein Kollege Freuds, deutete Träume nicht als Ergebnis sexueller Verdrängung wie Freud, sondern als Machtanspruch und Geltungsdrang. Im Traum könne alles ausgeglichen werden: Selbstzweifel, Niederlagen, Minderwertigkeitsgefühle und Benachteiligungen. Damit presste er ähnlich wie Freud Träume und ihre Deutung in ein strenges Schema.

Während Freud sich mit der Vergangenheit des Träumers beschäftigte, suchte sein Schüler Carl Gustav Jung (1875–1961) auch nach Hinweisen für die Zukunft des Träumenden. Unsere verdrängten Wünsche führen ja nicht nur zu Neurosen, sondern streben auch nach ihrer Erfüllung. Also müsste der Traum diese Erfüllungsmöglichkeiten aufzeigen können. Für Jung hatte der Traum somit ein zukunftsorientiertes Potenzial. Neben den persönlichen Traumsymbolen bemerkte Jung auch, dass ähnliche Symbole über alle Kulturen, Schichten und Altersgrenzen verbreitet waren. Er nannte sie Archetypen. Diese verweisen auf das gemeinsame kulturelle Erbe aller Menschen, das meist in frühster Kindheit durch Märchen und Sagen tradiert wird.

Stavros Mentzos, ein Analytiker des 20. Jahrhunderts, entdeckte, dass Träume einem dramaturgischen Handlungsablauf folgen. Wie in einem literarischen Drama handelt der Traum von einem Konflikt mit einer anderen Person und von einem Konflikt im Inneren des Träumers. Beide Konflikte aufzulösen, bemüht sich der Traum. Gelingt dies nicht, muss der Mensch im Alltag diesen Konflikt bewältigen, sonst wird das Thema immer neu inszeniert.

Fritz Perls, dem Begründer der Gestalttherapie, wurde bei seiner Arbeit bewusst, dass alle Elemente des Traums aus der Person des Träumenden stammen. Dinge, Handlungen und andere Personen sind in Wahrheit Teile der eigenen Persönlichkeit, die der Träumende von sich abspaltet. Mit dieser Kenntnis kann auch der Träumende selbst Deuter seiner Träume sein. Er braucht dazu keinen Psychoanalytiker mehr.

Träume – ein tiefes Bedürfnis

Gibt es eine Notwendigkeit zu träumen? Was sagen uns die Bilder, die wir im Schlaf sehen? Welchen Nutzen haben sie? Um diese Fragen zu beantworten, gibt es zwei Wege: die psychologischen Ursachen zu erforschen und die physiologischen Phänomene zu verstehen.

Die moderne Medizin hat es möglich gemacht, der Traumarbeit des Gehirns quasi zuzusehen. Seit Ende des 19. Jahrhunderts widmen sich Neurobiologen der Frage, was während des Schlafs mit uns geschieht. Zunächst wurde entdeckt, dass es im Schlaf sich wiederholende Strukturen gibt und die Muskelspannung während einiger Schlafphasen fehlt. Aber obwohl Versuchspersonen regelmäßig aus dem Schlaf geweckt wurden, konnten sich nicht alle an Träume erinnern. Nachdem Eugene Aserinsky 1953 bei schlafenden Babys Schlafphasen mit langsamen und schnellen Augenbewegungen entdeckt hatte, wurden auch Erwachsene daraufhin getestet. Sie wurden in den Phasen der schnellen Augenbewegungen (Rapid Eye Movement, REM) geweckt und konnten sich alle gut an ihre Träume erinnern – viel besser als bei einer Befragung am nächsten Morgen. So wurde der Zusammenhang zwischen REM-Schlaf und Traumphase entdeckt. Festgestellt wurde in den folgenden Jahren, dass während der Tiefschlafphase mit den langsamen Augenbewegungen die Gehirnaktivität zwar sinkt, aber die Muskelspannung noch messbar ist, während in der REM-Phase das Gehirn ähnlich aktiv ist wie im Wachzustand, aber die Muskeln fast wie gelähmt erscheinen. Herzfrequenz, Blutdruck, Atmung und Stoffwechsel sind fast so aktiv wie im Wachzustand, ebenso die Geschlechtsorgane. Das Bewusstsein arbeitet auf Hochtouren, besonders das limbische System, das für Gefühle zuständig ist, aber die Körpermotorik liegt lahm.

Testpersonen, denen der Schlaf entzogen wird, reagieren mit Leistungsabfall und Aggressionen. Wird bei ihnen nur

der REM-Schlaf verhindert, zeigen sich diese Symptome noch verstärkt, obwohl Tiefschlaf zugelassen wurde. Mehrtägiger Entzug der REM-Phasen bewirkt, dass sich der Körper Schlaf einfordert und der Schläfer trotz stärkster Störungen nicht mehr zu wecken ist.

Heute sind einige Forscher der Meinung, dass wir nicht nur in REM-Phasen träumen, uns aber wegen des leichteren Schlafes und der lebhaften Gefühlseindrücke in diesen Phasen besser an unsere Träume erinnern können.

Die Tests in Schlaflaboren zeigen letztlich nur eines: die Funktionen des Gehirns und seine Aktivitäten. Auch Forscher können Träume nicht „sehen“.

Links: Eine Wiese zu sehen oder darüber zu laufen, ist ein Zeichen von Heiterkeit, Dynamik und Fortkommen.

BRAUCHT DAS GEHIRN TRAUMPHASEN?

Scheinbar. So wie Schlafentzugsexperimente zeigen, dass die körperliche Leistungsfähigkeit abnimmt, so zeigt der Entzug von Träumen sogar noch stärkere Symptome: Konzentrationsschwäche, Nervosität, Angst, Aggression, Gedächtnisstörungen, motorische Störungen, Halluzinationen bis hin zu paranoiden Vorstellungen. Manche Forscher sind der Meinung, im Tiefschlaf regeneriere sich der Körper und im leichten Schlaf der Geist. Alle Eindrücke des Tages scheinen in Träumen aufgearbeitet und im Gehirn geordnet und abgelegt zu werden. Es muss sich nicht immer um den unmittelbar zurückliegenden Tag handeln. Die Forschung hat z. B. herausgefunden, dass Lerneffekte

Rechts: Pflanzen symbolisieren alles Zyklische: Keimen, Sprießen, Blühen und Vergehen. Farn steht für eine klare Struktur.

weit größer sind, wenn die Versuchsperson zwischen Lernen und Abrufen des Gelernten (Prüfung) schlafen darf. Im Schlaf, somit auch im Traum, finden also Vorgänge statt, die für unser Geistes- und Seelenleben wichtig sind.

WARUM TRÄUMEN WIR?

Auch Gefühle scheinen wir nachts zu verarbeiten. Tagsüber noch zensiert durch die Vernunft, unterdrückt oder beiseite geschoben, tauchen sie in Traumbildern wieder auf und helfen uns, jeden Tag aufs Neue eine seelische Balance zu finden. Frustrationen, Ängste, Aggressionen, Wut, Verzweiflung und Wünsche erscheinen in Bildern ganz real oder auch verschlüsselt und weisen den Träumenden auf seinen Zustand hin. Normalerweise werden die Ereignisse des Alltags so sehr schnell und effizient verarbeitet und beiseite gelegt, aber wenn das Traumthema sich wiederholt, wird der Mensch aufgefordert, sich diesem Kontext auch im Wachzustand zu stellen und das Thema aufzuarbeiten.

Selbst diejenigen, die behaupten, nicht zu träumen, träumen nachweislich, wenn sie in REM-Phasen geweckt werden. Es zeigt sich jedoch, dass nüchterne, pragmatische Menschen, die ihre Gefühle nicht gerne zeigen oder sie sogar als unangenehm empfinden, weniger lebhaft träumen als sensible Charaktere, denen viele Dinge emotional nahe gehen.

Wie oft und was träumen wir?

Eine normale Schlafnacht hat vier bis fünf Schlafzyklen von 30–40 Minuten Tiefschlaf mit 10–20 Minuten REM-Schlaf. Wenn davon ausgegangen werden kann, dass jeder Mensch träumt, dann träumt er entsprechend seinen REM-Phasen. Gegen Morgen können die Tiefschlafphasen kürzer werden und die Traumphasen länger und intensiver. Deswegen erinnern sich auch die meisten eher an diesen letzten Traum kurz vor dem Aufwachen, eventuell weil der Wecker sie auch gerade aus einem Traum reißt.

Wir träumen von dem, was uns emotional am stärksten berührt, und das ist in fast der Hälfte aller Fälle unsere Familie. So träumen wir von unseren Partnern, Eltern, Geschwistern und Kindern. Unsere Strategien des sozialen Miteinanders werden im Traum aufgearbeitet, und oft sehen wir unsere Angehörigen in Gefahr. Selbst sind wir viel seltener bedroht oder auf der Flucht. Auch sexuelle Träume, Träume vom Fallen oder Essen sind in der Minderzahl.

Der Schauplatz, der am häufigsten vorkommt, ist das eigene Heim, dann folgen andere Gebäude, öffentliche Verkehrsmittel und allgemein zugängliche Orte wie Straßen, Plätze, Landschaften. Die meisten Träumenden befinden sich in Gesellschaft, entweder zu zweit oder mit mehreren Personen, die sie oft gar nicht kennen. Die wenigsten Träume sind Einpersonenstücke. Die Handlungen erzählen oft von Unglück, Missgeschicken und Versagen. Bei den Gefühlen ist Angst der Spitzenreiter, gefolgt von Wut, Überraschung, Freude, Traurigkeit und Scham.

Träumt jeder anders?

In Träumen wird persönlich Erlebtes verarbeitet, daher sind Traumthemen und -gefühle selbstverständlich bei jedem unterschiedlich.

Kinder träumen noch sehr lebhaft, ohne von ihren Traumbildern abstrahieren und sie in Worte fassen zu können. Bei

Kindern bis ungefähr zum zehnten Lebensjahr ist die Hälfte des Schlafs REM-Schlaf. Es geht also bei ihnen sehr lebhaft zu. Erst danach bildet sich der typische Erwachsenenschlafrhythmus aus. Zwischen fünf und sieben Jahren werden Kinder oft von Albträumen geplagt. Die Ängste, die Kinder in Träumen plagen, sind vielfältig: Es kann das Monster sein, das unter dem Bett lauert, oder die Angst vor dem Verlassenwerden. Alltägliche Themen handeln von Freunden, Mitschülern, Lehrern oder dem Sportverein. In der Pubertät nehmen Verwandlungs- und Konfliktträume zu. Erste erotische Erfahrungen werden von nun an in Traumbilder gekleidet.

Rechts: Kinder träumen oft von bedrohlichen Monstern, die nachts unter dem Bett hervorgekrochen kommen.

Gravierende Unterschiede bei Männern und Frauen gibt es nicht, wohl aber Tendenzen: Männer sind aktiv Handelnde in ihren Träumen, sie träumen von aggressiveren und ehrgeizigeren Inhalten, auch im Traum sind sie wettkampforientierter und setzen ihre Körperkraft ein.

Frauen träumen länger, verstärkt übersinnlicher und kommunikativer. Auch Aggressionen werden verbal ausgetragen. Frauen erleben sich passiver ohne Körpereinsatz, aber meistens in einer ihnen vertrauten Umgebung. Frauen erleben Tiere eher als zahm und klein.

Träume in Lebensphasen

Intensive Träume, die wir auch im Traumerleben als solche wahrnehmen, geschehen meist an den Bruchstellen unseres Lebens. An den Übergängen von der Kindheit zur

Pubertät und zum Erwachsenenalter, beim Eintritt ins Berufsleben sowie am Lebensabend und kurz vor dem Tod.

Immer dann, wenn uns auch tagsüber Sorgen und Zweifel plagen, wenn wir nicht wissen, wie wir uns entscheiden sollen, wenn die Arbeitsbelastung uns überfordert, wenn die private Beziehung zu scheitern droht, dann werden wir uns in unseren Träume lebhaft mit diesen Themen auseinander setzen. Traumatische Erlebnisse, wie Überfall, Einbruch oder eine Vergewaltigung, versucht unsere Seele ebenfalls im Traum zu verarbeiten. Sollten diese in Form von wiederkehrenden Albträumen auftreten, sollte professionelle Hilfe gesucht werden.

Die Träume, die wir als intensiv erleben, bleiben uns in Erinnerung, nicht weil wir uns an den Inhalt erinnern, sondern an die Gefühle, die oft noch im Wachzustand lange nachwirken können.

WARUM ERINNERN WIR UNS OFT NICHT AN UNSERE TRÄUME?

Beim Erinnern an die Handlungen gibt es jedoch ein Problem: Biologisch ist im Schlafzustand unser Gedächtnis ausgeschaltet. Träume finden nur auf einer Zeitebene statt, nämlich im Jetzt. Selbst wenn Bilder aus der Vergangenheit aus dem Unbewussten emporsteigen, ist dies dem Träumenden nicht bewusst. Er erinnert sich nicht willentlich an seine Kindheit, sondern sie wird aktuell im Traum erlebt. Im Wachzustand kann das Gehirn Vergangenes und Zukünftiges unterscheiden, und die Zeitebenen folgen einer Logik. Nicht so im Traum. Verschiedenste Zeitebenen können dort miteinander verwoben sein.

Am Tag werden Erlebnisse, Daten, Gesichter aus dem Kurzzeitgedächtnis an das Langzeitgedächtnis weitergereicht und gespeichert. Nicht so während des Schlafs.

Darum können wir uns schlafend keine Träume merken. Im Aufwachen sind sie noch im Kurzzeitgedächtnis als Bilder abrufbar, dann verschwinden sie. In diesem Moment müsste der Träumende sich an seinen Traum erinnern und ihn in Worte fassen, um ihn so zu greifen und zu speichern. Ansonsten überlagern sofort die bewussten Sinneseindrücke wie Weckerklingeln, Außengeräusche und auch die Gedanken an den neuen Tagesablauf die Traumbilder.

Psychologisch gesehen hat das Vergessen der Träume durchaus seinen Wert. Traumhandlungen sind unbewusste Verarbeitungsmechanismen des Gehirns. Für die Psyche gefährliche Erinnerungen können so im Unbewussten bleiben. Diese Träume zu früh ins Bewusstsein zu holen könnte das Selbstbild erschüttern. Therapeutisch nutzbar sind natürlich Träume und Traumarbeit, wenn Konflikte nicht mehr allein im Traum verarbeitet werden können oder die Träume auf körperliche Krankheiten hindeuten.

Was können Träume uns sagen?

Neben der oben angesprochenen Funktion, unser Seelenleben nachts aufzuarbeiten, können wir durch unsere Träume mehr über uns selbst erfahren. Unser Verhältnis zu anderen Menschen wird im Traum zwar verschlüsselt, aber aufrichtig gezeigt, unsere Wünsche liegen offen zu Tage. Ob wir darauf reagieren, ist uns überlassen. Traumbilder können uns kreative Lösungen zeigen, sie können uns mahnen, eine Seite unserer Persönlichkeit stärker auszuleben oder eine andere zurückzunehmen. Träume können uns warnen. Nicht im Sinne von Zukunftsdeutung, aber durch die Ausblendung des Bewusstseins und seiner Zensur können Sinneseindrücke und Fakten im Traum oft neu zusammengestellt werden und erhalten so mitunter eine andere Bedeutung, die auf Krankheiten und Gefahren hinweisen kann. Auf diese Eventualität kann sich der Träumende dann einstellen.

Wie träumen wir?

Guter Schlaf bringt gute Träume

Nur wer tief und fest die Nacht durchschläft und das ausreichend – normal sind für Erwachsene zwischen sieben und acht Stunden –, kann mit ergiebigen Traumphasen rechnen. Wer schlecht einschläft, öfter aufwacht oder sich stundenlang im Bett hin und her wälzt, bekommt weder einen erholsamen Schlaf noch Träume. Auch Alkohol, Schlafmittel, bestimmte Psychopharmaka sowie zu schweres oder zu spätes Essen mindern die Schlafqualität und können vollständig das Träumen verhindern. Damit unsere Seele also ihre Traumarbeit leisten und sich im Traum erholen kann, sollten wir für einen guten Schlaf sorgen.

Rechts: Wer einen guten Tag verlebt hat, träumt oft auch etwas Schönes, sodass das Positive noch nachwirkt.

Wie erleben wir einen Traum?

Im Traum sind wir gleichzeitig Drehbuchautor, Regisseur und Schauspieler. Es reihen sich keineswegs nur Bilder aneinander, sondern das träumende Ich kann Entscheidungen treffen, in Handlungen eingreifen oder deren Inhalt bewusst verändern. Wie wir reagieren, hängt von unseren Fähigkeiten und Kenntnissen ab, die wir aus unserer Lebenserfahrung und unserem Alltag mitbringen. Wir können nichts träumen, von dem nicht wir nicht zumindest die realen Bedingungen kennen, und wir erleben keine Gefühle, die wir nicht selbst durchlebt oder durchlitten haben. Nur die neue, ungewohnte Kombination von Erlebtem und Gesehenem in neuen Zusammenhängen ist möglich. Ein Fabelwesen etwa bestünde immer aus Elementen von Bekanntem; es entsteht nichts Neues. Wer nicht schon eine Geburt erlebt hat, kann auch von keiner träumen, wer noch nie laufen konnte, wird dies auch nicht im Traum tun.

Blinde, die von Geburt an blind sind, träumen z. B. nicht in Bildern, sondern nur mit ihren sinnlichen Empfindungen. Menschen, die erst im Laufe ihres Lebens erblinden, träumen noch eine Zeit lang in Bildern, die aber zu verblassen beginnen. Es kommen auch keine neuen hinzu, sondern die Traumbilder werden allein aus der Vergangenheit geschöpft.

Farben und Töne

Traumbilder leben von optischen und akustischen Signalen. Geschmacks-, Geruchs- und Tastsinn sind fast nie beteiligt. Diese Gehirnzentren sind während des Schlafs nicht aktiv. Die Sehrinde und die Augen sind während der REM-Phase (Rapid Eye Movement, eine Schlafphase mit schnellen Augenbewegungen) allerdings so aktiv wie am Tage. Manche Forscher glauben, dass der Träumende mit den

Augen die Traumbilder verfolgt. Ob ein Traum schwarz-weiß oder in Farbe abläuft, ist dem Träumenden manchmal nicht sofort bewusst. Erst wenn er bestimmte optische Einheiten schildern soll wie z. B. die Farbe der Bettwäsche, der Wände oder der Einrichtung, wird ihm klar, dass sein Traum farbig war. Bestimmte Farben können dann auch eine persönliche oder symbolische Bedeutung haben.

Gefühle

Für uns typische Gefühle erleben wir auch während des Traums. Sogar intensiver, ungehemmter und beeindruckender. Ist unsere Aggression tagsüber noch durch den Verstand und gesellschaftliche Konventionen kontrolliert, leben wir sie nachts intensiv aus. Die Gehirnregion, die für die Weiterleitung von Gefühlen an das Langzeitgedächtnis zuständig ist, der Mandelkern, ist auch während des Träumens hochaktiv. Er leitet erlebte Gefühle ins Gedächtnis, ordnet ihnen Erinnerungen zu und kann sie bei Bedarf auch wieder abrufen. Im Traum erlebte Gefühle werden auf ähnliche Weise durch den Mandelkern reguliert. Sie werden als Verhaltensmuster gespeichert und somit auch verarbeitet. So bauen sich neue seelische Strukturen auf, die der Träumende dann im Wachzustand weiterverarbeiten kann.

Bewegungen und Motivation

Im Traum können wir uns bewegen und räumlich orientieren, und wir wollen dies auch tun, d. h., wir nehmen körperlich aktiv am Geschehen teil. Der vordere Hirnlappen, in dem diese Fähigkeiten abgerufen werden, ist also im Schlaf aktiv. Personen mit einer cerebralen Schädigung dieses Areals können nicht mehr träumen (s. auch „Träume – ein tiefes Bedürfnis").

Auch andere Hirnzentren bleiben beim Träumen unbeteiligt. Alle Tätigkeiten, die bewusstes Denken erfordern, wie Schreiben (Formulieren), Lesen, Computern oder Ähnliches, sind in Träumen in der Regel ausgeklammert, weil sie nur im Wachzustand möglich sind. Im Traum haben wir es vorrangig mit den Gefühlen zu tun, die wir dabei haben.

Logik

Im Wachzustand folgen unsere Handlungen und Worte einer verstandesmäßigen Logik. Um z. B. jemanden zu überzeugen, nutzen wir folgerichtige Argumente, die einen Zusammenhang herstellen und Vorteile aufweisen sollen.

Links: Traumelemente sind zunächst einmal neutral zu bewerten. Ob sie Gutes oder Übles bedeuten, verrät erst die Interpretation.

Im Traum schläft die tendenziell bewusste, rationale linke Hirnhälfte, und die rechte Hirnhälfte, die eher assoziativ und ganzheitlich arbeitet, verbindet sich mit dem Hirnstamm, der die Gefühle beisteuert. Es beeinflussen sich also Gefühle, die Bilder aufsteigen lassen, und Bilder, die Gefühle auslösen, gegenseitig. In unserem Kopf findet zwar nichts statt, was nicht schon vorher dort irgendwo abgespeichert worden war, aber im Traum werden keine Zusammenhänge in einer logischen Abfolge hergestellt. Träume sind daher symbolisch, eher unlogisch, scheinbar zusammenhanglos, sprunghaft und faszinierend.

Muss sich der Träumer in seiner realen Welt bedingungslos an die Regeln der Folgerichtigkeit und der Vernunft halten, kann er im Traum seinen Gefühlen nachgeben, die sich vielleicht wie in ein Korsett eingeschnürt vorkommen. Fantastische Möglichkeiten, neue Denkmuster und Gefühlsalternativen lassen sich so erleben.

Wie verschlüsseln Träume ihre Botschaften?

Es kann vorkommen, dass völlig banale Dinge geträumt werden, die der Träumende leicht eins zu eins übersetzen kann, weil sie nur eine Wiederholung des gestrigen Tages oder eines Erlebnisses der vergangenen Woche sind. Dann wieder sind Träume so skurril, so atemberaubend intensiv, dass die im Traum erlebten Gefühle auch nach dem Aufwachen noch eine Zeit lang nachwirken. Und dann gibt es die „großen" Träume, die so präsent sind, dass sie einen ein Leben lang begleiten können.

Träume können also verschiedene Grade der Verschlüsselung aufweisen, sie können sehr direkt sprechen oder so komplex sein, dass eine Deutung nicht so leicht bei der Hand ist. Bei Letzteren erfährt der Träumende dann, was Traum-„Arbeit" bedeutet.

Wie eine Traumwelt funktioniert

Träume leben von Bildern, Ähnlichkeiten zum Erlebten und Aneinanderreihungen von verschiedenen Zeitebenen. Alles, was im Traum geschieht, kommt aus dem Bewusstsein des Träumenden. Er schafft sich seine Traumwelt, also sind alle Geschehnisse ein Teil des Träumenden. Personen, Dinge und Situationen können als Teil der Persönlichkeit und der Biografie des Träumenden verstanden werden.

Ein Traum spielt in der Jetzt-Zeit, es gibt kein Erinnern, Wegsehen, Weglaufen, Verdrängen, Sichablenken oder Ähnliches. Der Träumer muss sich seinem Traum stellen. Deshalb werden auch Gefühle sehr intensiv empfunden.

Ereignisse und Handlungen können daher auch nicht kritisch hinterfragt werden. Überlegen und Abwarten ist nicht möglich. Entscheidungen fallen im Augenblick.

Traumszenen folgen nicht der realen Logik. Dinge können zusammen geschehen, zusammen gedacht oder empfunden werden – außerhalb der Normalität.

Die Sprache des Traums

Träume müssen also gedeutet und übersetzt werden. Dabei bedeutet gerade die Andersartigkeit der Traumwelt die eigentliche Schwierigkeit. Wenn man eine andere Sprache lernt, genügt es oft schon, nur die Vokabel zu kennen, da die Struktur oft die gleiche bleibt oder ähnlichen Gesetzen gehorcht. Bei Träumen ändern sich aber Sprache und Struktur. Und das in nicht immer gleicher, eindeutiger Weise. Ein Traumbild *kann* das sein, was es auch im wirklichen Leben ist. Eine Rose ist eine Rose. Die Rose ist gleichzeitig ein Symbol für Liebe. Der Träumende kann sich aber auch fragen: „Bin ich die Rose?“

Steht das Gesehene und Erlebte also für sich selbst, verweist es teilweise auf eine andere Bedeutung, oder hat es Verweischarakter auf etwas Neues? Um Trauminhalte einordnen zu können, hilft als Erstes die Unterscheidung in tatsächlich Erlebtes, so genannte Tagesreste, in Körperempfindungen während des Schlafes und in verschlüsselte seelische Inhalte.

Tagesreste

Erleben wir tagsüber etwas Ungewöhnliches, Bemerkenswertes – dies können Kleinigkeiten sein, die aber aus unserem gewohnten Rahmen fallen, weil sie andersartig sind, neu, ärgerlich oder erfreulich –, dann kann es sein, dass sich

Rechts: Ein Traum ist eindeutig oder verschlüsselt. Ihn zu deuten kann zum Geduldsspiel werden.

unser Bewusstsein über den Tag hinaus damit beschäftigen will/muss. Wenn es also noch nicht verarbeitet ist, beschäftigt sich bestimmt ein Traum damit, um es danach wirklich endgültig abzuspeichern. Die Erlebnisse tauchen nicht zwangsläufig in der nächsten Nacht auf, sondern irgendwann, wenn sie sozusagen eine Bewusstseinsebene tiefer gerutscht sind. Wir denken vielleicht nicht mehr daran, aber unser Traum wird es für uns tun und sich erinnern. Rund die Hälfte unserer Träume beschäftigen sich mit solchen aktuellen Tageserlebnissen.

Diese Träume stehen für das, was sie sind: Erinnerungen, die keiner Entschlüsselung oder tiefer gehenden Deutung bedürfen. Trotzdem haben diese Träume ihren Sinn. Nicht jeder Tagesrest taucht irgendwann in einem Traum auf. Warum also gerade dieser? Vielleicht ist es genau diese Situation, die einer Lösung bedarf, oder hier schwelt ein Konflikt, der immer wieder beiseite geschoben wird.

Oft verwebt ein Traum aber Tagesreste mit fantastischen Bildern zu einem neuen Ganzen. Bei der Traumanalyse trennen Sie deshalb stets zuerst Tagesreste von der symbolischen Handlung, beziehen sie bei der eigentlichen Deutung aber wieder mit ein. Es kann schließlich sein, dass das aktuelle Erlebnis genau mit dem Problem, das der Traum anspricht, in Zusammenhang steht.

Reize

Wer hat nicht schon einmal geträumt, dass im Traum die Glocken läuten, aber in Wahrheit der Wecker klingelt? Solche äußeren Reize kann der Traum in seine Handlung einbauen, um den Schlaf nicht zu gefährden. Freud nannte daher den Traum den „Hüter des Schlafs". Marginale äußere Einflüsse bemerkt der Schläfer nicht: das Atmen des Bettgefährten, den Straßenverkehr hinter geschlossenen

Fenstern oder das Geräusch des Kühlschranks. Er schläft und träumt ganz normal weiter. Schlafgefährdende Einflüsse versucht der Traum einzubeziehen, damit der Mensch zu seiner Portion Schlaf und Traum kommt, um eine Gesundheitsgefährdung auszuschließen. Werden die Geräusche lauter und erkennt das Gehirn sie als Außenreize, wacht der Schläfer nämlich auf.

Ähnlich verhält es sich mit körpereigenen Reizen. Bestimmte Körperfunktionen wie Atmung, Herzschlag, Verdauung usw. müssen auch im Schlaf vom Gehirn aufrechterhalten und koordiniert werden. Diese Arbeit verrichtet der entwicklungsgeschichtlich älteste Teil unseres Hirns. Aus diesem stammt auch ein Teil der Träume. So scheint es verständlich, wenn sich beides gegenseitig beeinflussen kann. Schwere Kost jedenfalls bedeutet auch meist unbehagliche Träume. Manche Warnträume vor gesundheitlichen Problemen sind vielleicht auch auf diesen Zusammenhang zurückzuführen. Im Wachzustand wird körperliches Unwohlsein gerne verdrängt, oder es wird ihm keine ausreichende Bedeutung beigemessen. Im Unbewussten fehlt diese Kontrollinstanz, und Herz- oder Krebsleiden könnten verschlüsselt im Traum angesprochen werden.

Unbewusstes Seelenleben

Die faszinierendsten Träume sind die, in denen uns Bilder unseres unbewussten Seelenlebens gezeigt werden. Dies sind die Träume, die wir zu verstehen wünschen, weil sie uns unser Selbst unverhüllt zeigen – leider verschlüsselt.

Im Alltag, in sozusagen erprobten Situationen, kommen wir mit unseren Erfahrungen, unserem angelernten Wissen und zwischenmenschlichem Verständnis sehr weit und kön-

nen die meisten Herausforderungen problemlos meistern. Manchmal stehen wir aber dann doch da und wissen nicht weiter, weil wir hier Neuland betreten. Träume können uns hier helfen, weil sie eine Sprache der Gefühle sprechen, die uns unvermittelt berührt. Doch es ist die Sprache unseres Unterbewusstseins. Um sie für uns nutzen zu können, müssen wir lernen, sie zu übersetzen.

Symbole

Am häufigsten kommen Symbole im Traum vor. Ein Symbol ist ein Begriff, der bildlich dargestellt viele Bedeutungen zusammenfasst (griech. *symballein* = zusammenwerfen).

Links: Wer schwebt oder fliegt, steht über den Sorgen des Alltags – oder er hat die Bodenhaftung verloren.

Jeder von uns kennt Symbole, und jeder assoziiert damit spontan etwas anderes. Wenn jemand von Wasser träumt, ist ganz allgemein vielleicht das Wasser des Lebens gemeint, Wasser als Bild der Seele, Wasser kann Leben spenden (Durst löschen, ohne Wasser funktioniert weder unser Körper noch unsere Umwelt), oder es kann gefährlich sein (Ertrinken, Überflutung), es kann als Regen auf uns fallen, es kann ein Rinnsal oder ein reißender Fluss sein, Wasser kann warm und weich sein, ein Wohlgefühl vermitteln, es kann kalt, unangenehm und tödlich sein. Jeder Träumer träumt ein anderes Wasserbild, aber sein Traumbild versinnbildlicht sein Gefühl. In Symbolen zeigen sich also die ansonsten unausgesprochenen oder manchmal unaussprechlichen Gefühle des Träumenden.

Rechts: Ein Weg scheint keine Abzweigung zuzulassen. Wohin er führt, ist ungewiss.

Symbole sind nicht für alle Zeiten festgelegt, sie können sich in ihrem Kulturkreis ändern, und sie sind nicht für alle Kulturen gleichermaßen gültig. Im Alltag begegnen wir sehr vielen Symbolen: der Ring, den wir tragen, das christliche Kreuz, unser Staatswappen (der Adler), schwarze Trauerkleidung, rote Rosen oder Herzen. Wir gebrauchen Sprichwörter und Redewendungen, und selbst wenn wir nicht mehr an Märchen glauben, sind Kinofilme, Theaterstücke und Romane in ähnlicher Weise geschaffen, zu uns zu sprechen und uns emotional zu berühren. So steht jedem in seinem täglichen Erleben ein unterschiedliches Repertoire an Symbolen zur Verfügung, das sich in den Träumen wiederfindet.

Wenn Sie diese Mehrdeutigkeit eines Symbols für sich erkannt haben, dann müssen Sie sich auf die Suche nach Ihrer persönlichen Bedeutung machen. Ihre Gefühle leiten Sie bestens, auch widersprüchliche Empfindungen bringen Sie auf die richtige Spur. Denn Symbole sind ambivalent: Etwas, das Angst macht, kann auch gleichzeitig faszinieren, ein Ende kann auch einen Neuanfang bedeuten, Trauer und Verlust bedeuten Hoffnung, ein erfüllter Wunsch kann die Kehrseite der Medaille zeigen.

Diese Bedeutungsnuancen zu finden und für sich zu entscheiden, welche auf Ihren Traum und für Sie zutrifft, ist ein wichtiger Teil jeder Deutung.

Archetypen

Eine besondere Art von Symbolen sind die von C. G. Jung identifizierten Archetypen: Symbole, die in allen Kulturkreisen in ähnlicher Bedeutung vorkommen. Jung glaubte, sie seien ererbt; dagegen spricht die moderne Evolutionsforschung. Eher ist zu vermuten, dass diese Grundtypen an

Symbolen kulturell so elementar sind, dass sie sich weltweit entwickeln konnten und weitertradiert wurden. Ähnliche Alltagserfahrungen und Weltdeutungen wurden in mythische Schöpfungsgeschichten gekleidet, die sich überall gleichen. Ohne Mutter, Vater, Kind, weise Frauen, Magier und bestimmte Dinge und Tiere kommt offenbar keine Kultur aus. Fruchtbare und liebende Muttergottheiten, strafende Väter, Frauen, die Kräuter sammeln und heilen können, Priester und Schamanen, die den Menschen helfen, mit den Göttern in Kontakt zu treten, heilige Gefäße, Pflanzen und Tiere gehören zu jeder Kultur.

Diese Archetypen stehen zwar für individuelle Gefühle, Gedanken und Handlungen, sind aber gleichzeitig allen Menschen gemein. Liebe, Trennung, Schmerz und Tod sind zwar persönlich aktuell empfundene Gefühle, aber Millionen von Menschen haben sie vor uns durchlebt und auf verschiedenste Weise versucht, damit umzugehen: Casanova oder Don Juan - der Abenteurer ebenso wie der Eremit, der König oder der Narr. Verschiedene Rollenbilder, verschiedene Verhaltensweisen, verschiedene Gefühlsebenen stehen uns also im Traum zur Verfügung, auf die wir zurückgreifen können.

Metaphern

Metaphern sprechen zu uns mit einer übertragenen Bedeutung (griech. *metapherein* = anderswohin tragen). Hier kann ein sinnlicher Eindruck für ein Gefühl oder eine Verstandesleistung stehen. Der Mensch begreift beispielsweise etwas mit den Händen (oder anderen Sinnen) und überträgt den Sinneseindruck mit dem Verstand. „Kalt" ist zunächst eine körperliche Empfindung, aber ein Mensch kann auch kalt sein, wenn er gefühlskalt ist. Oft wird dann ein Vergleich gezogen: Jemand sei kalt wie ein Fisch oder empfindsam wie eine Mimose. „Ein Brett vor dem Kopf" steht für den fehlenden Durchblick, „in einen sicheren Hafen gelangen" bedeutet, eine Zuflucht gefunden zu haben, oder „auf großem Fuße leben" zeigt, dass derjenige sich mit einer Aufgabe vielleicht überschätzt hat.

Bei einer Metapher steht also eine Bedeutung für eine andere. Metaphern können mit Symbolen verbunden sein. Das Fußbeispiel ist bei einer Metapher nur auf die Größe bezogen. Handelt es sich nun um ein paar besondere Schuhe (Wanderschuhe, Ballerinas, High Heels – in unterschiedlichen Farben), können symbolhafte Züge hinzukommen.

Rechts: Netze stehen für Verwirrung, Verheddern, Handlungsunfähigkeit. Versuchen Sie, sich davon zu befreien.

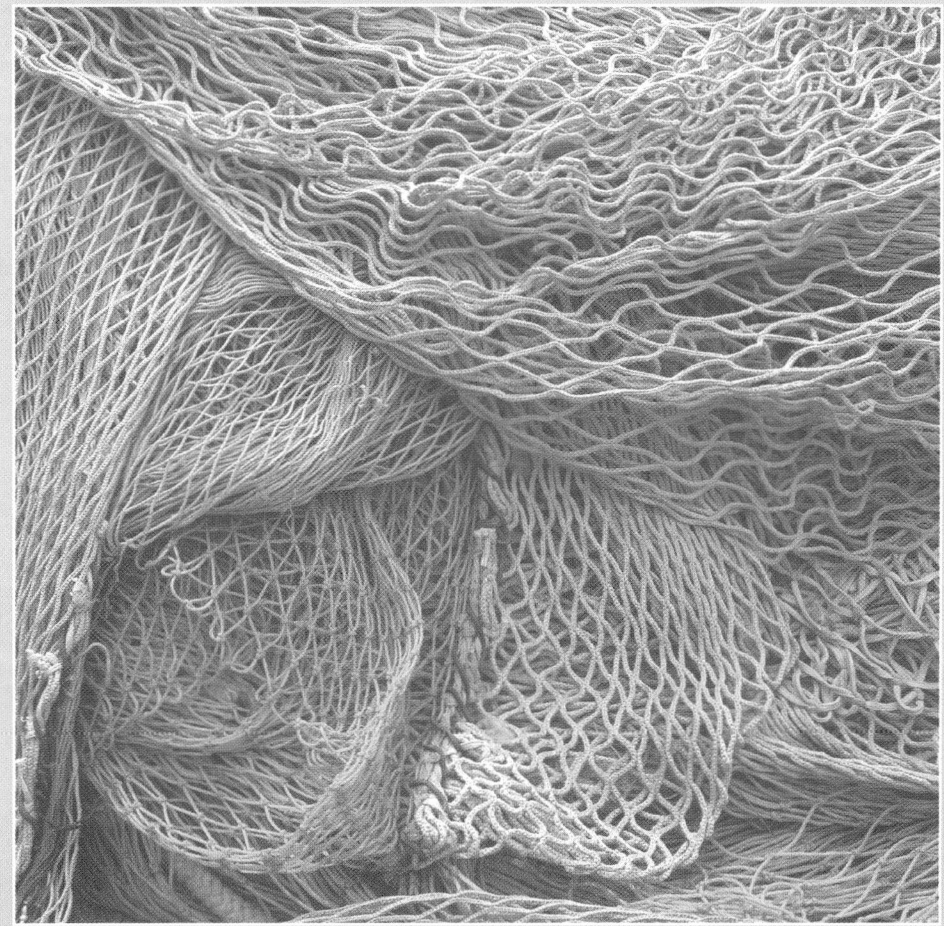

Allegorien

Allegorien sind komplexe Bilder, bei denen jedes Detail eine Bedeutung hat, die das Gesamtbild beeinflusst. Oft werden Allegorien personifiziert (als Person dargestellt) wie z. B. Justitia (die Gerechtigkeit), Fortuna (das Glück), der Tod, die Musen oder Götter. Die mit der Allegorie zusammenhängenden Eigenschaften werden dann Stück für Stück gegenständlich hinzugefügt. Bei Justitia etwa meinen die verbundenen Augen, dass sie ohne Ansehen der Person des Angeklagten richtet, die Waagschale steht für das Abwägen der Argumente, und mit dem Richtschwert wird schließlich das Urteil vollstreckt.

Allegorien sind allgemein gültige Bestandteile einer jeden Kultur, und sie stehen uns deshalb auch in unseren Träumen zur Verfügung. Von Kulturkreis zu Kulturkreis kann es – wie bei den Symbolen – zu Abweichungen kommen.

Anleitung zur Traumdeutung

Sie wissen selbst, wie verworren Träume sein können, wie sinnlos sie auf den ersten Blick erscheinen, und doch müssen Sie bereit sein, alles so zu nehmen, wie der Traum es Ihnen darstellt, wenn Sie von seiner Aussagekraft profitieren wollen. Also ist oberstes Gebot, sich an alles wahrhaftig und detailgetreu zu erinnern, nichts wegzulassen und nichts zu beschönigen.

Sich erinnern lernen

Die Flüchtigkeit des Traums liegt in seiner Herkunft aus dem Unbewussten begründet. Sobald wir morgens wach sind, denken und fühlen wir bewusst – die Bilder aus dem Unbewussten sind schon Vergangenheit.

Sich an den letzten Traum zu erinnern ist eine Sache der Gewohnheit und der Übung. Sobald Sie aufwachen, sollten

Sie sich fragen: „Was habe ich geträumt?" Bleiben Sie bewegungslos liegen, so wie Sie aufgewacht sind, und versuchen Sie, bei geschlossenen Augen die Traumbilder noch einmal an Ihrem inneren Auge vorbeiziehen zu lassen, erzählen Sie sich oder einer imaginären Person Ihren Traum bis ins kleinste Detail. Legen Sie einen Notizblock neben Ihr Bett, und formulieren Sie die Traumhandlung. Konzentrieren Sie sich auf Ihren Traum, und verbannen Sie alle anderen Gedanken an den kommenden Tag aus Ihrem Kopf. Während Sie sich mit Ihrem Traum beschäftigen, werden Ihnen mehr und mehr Kleinigkeiten einfallen.

Fallen Ihnen tagsüber noch Bruchstücke ein, weil Sie sich durch eine Assoziation erinnern, schreiben Sie auch das noch auf, und fügen Sie es später ein.

Bei manchen Menschen hilft eine Art Autosuggestion, wenn sie sich vor dem Schlafengehen vornehmen, sich an ihre Träume zu erinnern. Es kann auch helfen, die innere Uhr zu stärken und den Mut zu haben, ohne Wecker aufzuwachen. Wir erwachen dann meistens aus einem Traum.

Ein Traumtagebuch führen

Hilfreich bei der Traumdeutung ist auf jeden Fall ein Traumtagebuch. Ihre Aufzeichnungen sollten Sie in ein Heft machen, und mit der Zeit wird dieses Buch wahrscheinlich ein ziemlich umfangreiches Werk werden. Zettel helfen Ihnen bei einem systematischen Ansatz nicht weiter.

Zur Führung eines Traumtagebuchs sollten Sie morgens mehr Zeit einplanen, mindestens eine Viertelstunde, um Ihre Träume wenigstens in Stichworten zu formulieren. Wenn Sie für Ihre Träume wochentags keine Zeit haben, fangen Sie erst im Urlaub mit einem Traumtagebuch an.

Sie müssen ja auch nicht sofort täglich jeden Traum deuten. Nichts spricht dagegen, erst eine Zeit lang zu sammeln, sich und seine Träume kennen zu lernen, um sich dann irgendwann mehr Zeit für sie zu nehmen. Dafür allerdings ist es wichtig, bei der Aufzeichnung präzise und genau formuliert zu haben. Nach Tagen oder Wochen werden Sie sich nämlich nicht an die Einzelheiten erinnern können und erst recht nicht an die Zusammenhänge mit dem an den vorangegangenen Tagen Erlebten. Das Tagesgeschehen gehört schließlich zum Träumen dazu.

Sie brauchen auch nicht jeden Traum zu deuten. Träume, die sich nur mit Tagesresten beschäftigen, werden Sie kaum langfristig interessant finden. Sie warten wahrscheinlich auf den besonderen Traum. Aber auch dafür ist es notwendig, sich über die täglichen Träume klar zu werden. Nur so lernen Sie, wichtige von weniger wichtigen Träumen zu unterscheiden. Jeder Traum hat seine Zeit.

Und so führen Sie ein Traumtagebuch. Auf die linke Seite des Heftes schreiben Sie mit Datum versehen Ihren Traum:

- Fällt Ihnen vielleicht ein Titel zu Ihrem inneren Film ein? Oder eine Abwandlung eines bekannten Films? Notieren Sie ihn.

- Schreiben Sie die Umstände auf. Wo befanden Sie sich (Hotel, Urlaub, zu Hause), wann sind Sie ins Bett gegangen (nach Party, nach den Nachrichten), in welcher Verfassung waren Sie (Streit, müde, zu viel gegessen/getrunken) und wie war Ihr Tag, Ihre Stimmung (viel Arbeit, Ärger im Büro, Kinder haben genervt)?

- Schreiben Sie in der Ich-Form alles so ausführlich wie möglich auf, besonders Namen von Personen und Orten, sonst können Sie diese später nicht mehr zuordnen.

- Kontrollieren Sie beim Notieren des Traums bitte, ob Sie dies nun geträumt haben oder ob Sie schon anfangen, auszuschmücken und zu interpretieren. Versuchen Sie, die Analyse zurückzustellen.

Teilen Sie die rechte Heftseite in zwei Spalten, in die linke Spalte kommen nun Ihre Anmerkungen:

- Kennzeichnen Sie Elemente von erkennbaren Tagesresten. Was ist tagsüber wirklich passiert?
- Beschreiben Sie Ihre Gefühle bei den einzelnen Traumszenen.
- Finden Sie Schlüsselwörter, und markieren Sie sie.
- Was fällt Ihnen zu diesen Begriffen an möglichen Bedeutungen ein?

- Fällt Ihnen nichts ein, sammeln Sie zusätzliche Informationen. Woher kennen Sie ähnliche Bilder, haben Sie etwas dazu gesehen oder gelesen?
- Weichen die Traumbilder von den realen Gegebenheiten ab? Worin unterscheiden sich Traumbild und Wirklichkeit, z. B. wenn es um Ihr Zuhause geht?

Legen Sie sich ein persönliches Symbollexikon an, z. B. auf Karteikarten. Die Symbole, von denen Sie träumen, haben erstens eine individuelle Bedeutung, und zweitens kommen sie wahrscheinlich immer wieder vor, sodass Sie dann darauf zurückgreifen können.

Rechts: Die Rose ist ein klassisches Symbol für die Liebe. Sie hat aber auch Dornen. Was bedeutet die Rose für Sie persönlich?

Mit welchen Methoden können Sie Ihre Träume deuten?

Als Sie Ihre Notizen im Traumtagebuch ausgeführt haben, haben Sie schon mit wenigen Assoziationen gearbeitet. Sie haben sich Ihre ersten Eindrücke, Gefühle und Stimmungen zu Ihren Traumbildern aufgeschrieben.

Assoziative Traumdeutung

Beim Assoziieren stellen die Gedanken Querverbindungen her, die oft zu erstaunlichen Erkenntnissen führen. Assoziationen werden durch bestimmte Strukturen angeregt.

- Ähnliches wird mit Ähnlichem verbunden: Wer an ein Auto denkt, kann auch an Bus, Bahn, Flugzeug oder Schiff denken. Alles sind Transportmittel. Ähnliche

Formen wie mehrere spitze Gegenstände, runde oder längliche wecken oft ähnliche Gefühle.

- Gedankenpaare bilden sich auch durch Kontraste:
  gut – böse (Engel – Teufel)
  fruchtbar (Feld) – unfruchtbar (Wüste)
  heiß (Feuer) – kalt (Eis)
  oder komplementär Zusammengehörendes:
  rechter/linker Schuh, Yin/Yang, Mutter/Vater.

- Kontexte ergeben sich räumlich (wie Ufer zu Fluss/See, Nest zu Vogel/Baum), zeitlich durch ihre Abfolge (wie morgens, mittags und abends, auf Nacht folgt Tag, Wolken bringen Regen) oder inhaltlich (wie bei Topf und Essen, Baden und Wasser etc.).

Diese Gedankenvielfalt nutzen Sie bitte für Ihre Traumdeutung. Nehmen Sie sich Ihr Traumtagebuch zur Hand und

schauen Sie sich die markierten Schlüsselworte an. Notieren Sie auf einem leeren Blatt nun alles, was Ihnen spontan und „unzensiert" einfällt. Es gibt keinen Grund, sich seiner Träume und der zugehörigen Assoziationen zu schämen. Außerdem brauchen Sie sich niemandem mitzuteilen, wenn Sie das nicht möchten. Manchmal kann es jedoch sinnvoll sein, die beste Freundin oder den Partner um Rat zu fragen. Der Blick auf sich selbst ist manchmal verstellt.

Denken Sie an Erlebtes, Gesehenes, Gelesenes, Gefühltes usw. Wie war der Wald, von dem Sie geträumt haben? Undurchdringlich, beängstigend? War es der Buchenwald Ihrer Kindheit, in dem Sie immer sonntags mit den Eltern spazieren gingen? Waren Sie allein? Spielten Sie mit ande-

Links: Sie packen den Koffer. Gehen Sie auf eine Reise, oder sind Sie auf der Flucht? Was nehmen Sie alles mit?

ren „Räuber und Gendarm"? Waren Sie in einem fremden Land, mit anderen Geräuschen, unbekannten Tieren? Wurden Sie verfolgt? Genossen Sie das Licht, das durch die Bäume fiel?

Ihnen fällt nichts Derartiges ein? Dann entspannen Sie sich. Mit dem Assoziieren hat es so seine Bewandtnis: Je mehr Sie sich mental anstrengen, umso leerer scheint der Kopf zu werden. Irgendwann später kommen die Gedankenverbindungen dann von selbst, drängen sich förmlich auf. Haben Sie einfach immer Papier und Stift greifbar, um sich alles zu notieren.

Nach dem ersten Durchgang sortieren Sie solche Begriffe aus, die fad bleiben und nicht weiter verfolgenswert erscheinen. Reizvolle, befremdliche sowie seltsame neue Begriffe sollten Sie mit zeitlichem Abstand ein zweites Mal mit Assoziationen versehen.

Dieses Vorgehen brauchen Sie nicht immer weiter fortzusetzen. Meistens reicht die zweite Assoziationsstufe aus, um Wesentliches aus dem Traum herauszufiltern, dann nämlich müssten Sie das Hauptthema Ihrer Assoziationen benennen können, um daraus zu folgern, was dieses Thema mit Ihrer augenblicklichen Lebenssituation zu tun hat. Um welchen Bereich geht es? Mein Selbstbild, mein soziales Beziehungsgeflecht (zu einer bestimmten Person/Gruppe) oder meinen Blick auf materielle oder geistige Werte.

Starke Gefühle während des Traums weisen auf Ihre realen Gefühle zu diesem Sachverhalt hin.

Was ist Ihre älteste Erinnerung, die Ihnen beim Assoziieren in den Sinn gekommen ist? Sammeln Sie Assoziationen, die mit einem bestimmten Lebensabschnitt zu tun haben, dann finden Sie hier vielleicht die Lösung für Ihren derzeitigen Seelenkonflikt.

Wie war das Ende Ihres Traums? Ihre Assoziationen zeigen Lösungsmöglichkeiten. Fehlte das Ende, weil Sie vorher aufgewacht sind? Dann denken Sie sich im Wachzustand mögliche Varianten für den Schluss aus. Welche wäre Ihnen am angenehmsten? Und warum?

Ordnen Sie am Schluss Ihre Assoziationen, bringen Sie sie in eine Reihenfolge, und schreiben Sie nun Ihre Deutung in die letzte freie Spalte Ihres Traumtagebuchs.

Blättern Sie noch einmal zurück, und schauen Sie nach dem Titel Ihres Traums. Trifft er noch zu, oder sollten Sie ihn ändern? Sie werden erleben, dass Sie häufig instinktiv einen zutreffenden ausgewählt haben.

Rechts: Schnelles Wasser – reißt es Sie mit, verlieren Sie die Kontrolle, oder müssen Sie ans andere Ufer?

Symbolvertiefung und Zwiegespräch

Wenn alles, was wir träumen, aus uns kommt, wir also unser eigenes Szenario entwerfen, dann sind auch alle Dinge und Personen des Traumes von uns erschaffen und Teil unserer Persönlichkeit. Um bestimmte Symbole und auftretende Personen zu verstehen, hilft es, sich in sie hineinzuversetzen oder ein Gespräch mit ihnen zu führen.

Ein junge Mutter mit zwei kleinen Kindern träumt häufig von ihrer eigenen Mutter. In der Traumszene ist die Mutter ärgerlich, weil die Träumende nicht aufgeräumt hat oder wiederholt etwas schmutzig gemacht hat.

Um die tiefere Bedeutung der Szene zu entschlüsseln, kann es helfen, wenn sich die Träumende in die Mutter hineinversetzt. Warum ist sie so wütend in diesem Augenblick? Was fühlt sie, wenn sie schimpft? Ist das Aufräumen/

Schmutzigmachen der eigentliche Grund? Hat die Mutter nicht gerade geputzt? Fühlt sie sich vielleicht ausgenutzt oder wie Sisyphos, dessen Arbeit nie ein Ende hat?

Die Antworten auf diese Fragen zeigen vielleicht, warum diese junge Frau gerade in ihrer aktuellen Lebenssituation von ihrer Mutter träumt. *Ist* sie ihre Mutter? Fühlt sie sich ähnlich überfordert mit Haushalt und zwei kleinen Kindern? Fehlt ihr der Beruf, die Anerkennung? Zu einem ähnlichen Ergebnis könnte ein Zwiegespräch führen:

Träumende: Warum schimpfst du schon wieder? Aufräumen kann ich doch auch noch später.
Mutter: Ich habe jetzt alles andere schon aufgeräumt, nur noch dein Zimmer fehlt.
Träumende: Warum muss denn mein Zimmer auch aufgeräumt sein?
Mutter: Dann habe ich wenigstens kurz einmal das Gefühl,

alle meine Arbeit geschafft zu haben.
Träumende: Ist das denn so wichtig für dich?
Mutter: Ja, denn im Haushalt fange ich jeden Tag wieder aufs Neue an, aufzuräumen usw. Die Arbeit hört nie auf. Und ich fühle mich manchmal nicht geschätzt, in dem was ich für euch tue.

Verbinden Sie in Ihrer traumanalytischen Vorgehensweise das Assoziieren, das Hineinversetzen in die Traumpersonen und das Führen von Gesprächen, wenn Sie bei einzelnen Sequenzen nicht weiterkommen.

Am Anfang brauchen Sie gewiss viel Zeit, um auf diese Weise auch nur einen einzigen Traum zu deuten, aber Sie werden sehen, später sprießen die Assoziationen bereitwilliger, und sie kehren auch wieder. Dann können Sie immer häufiger auf Ihr Traumtagebuch und Ihr persönliches Symbollexikon zurückgreifen.

Die häufigsten Träume

In unseren Traumwelten begegnen wir häufig den gleichen Personen an den gleichen Orten, aber in immer neuem Gewand. Unsere Träume handeln auch oft von den gleichen Themen. Überall auf der Welt träumen die Menschen von ihren Ängsten: Sie werden verfolgt, müssen hohe oder nur scheinbar hohe Erwartungen und Leistungen erfüllen, haben erotische Erlebnisse, fallen ins Bodenlose oder schweben bzw. fliegen über den Dingen. Auslöser für diese Träume sind ähnliche Gefühle wie Verlust, Versagen, unerfüllte Wünsche und sich plötzlich verändernde Lebenssituationen. Neben den ganz persönlichen „Zutaten"eines Traums gibt es also Grundstimmungen, die allen Menschen gemeinsam sind. So finden Sie auf den nächsten Seiten eine Reihe universeller, typischer Trauminhalte. In ihrer reinen Form kommen sie allerdings selten vor; meistens vermischen sie sich, sodass ein Verfolgungstraum auch gleichzeitig ein Angsttraum oder ein Angsttraum ein Prüfungs- oder Falltraum sein kann.

ANGST

Angst ist eines unserer elementarsten Gefühle. Sie wird begleitet von Erscheinungen des vegetativen Nervensystems (Beschleunigung des Atems, Erhöhung der Pulsfrequenz, Fluchtbereitschaft). Diese Symptome treten auch im Traum auf, sodass Angstträume als besonders real, heftig und intensiv empfunden werden. Sie bleiben am längsten im Gedächtnis haften, und das Gefühl der Bedrohung kann uns in den Tag hinein verfolgen. Aus Angstträumen erwacht der Träumer meist in Panik und leicht orientierungslos. Die Erleichterung stellt sich erst ein, wenn der Person klar wird: „Ach, ich liege ja im Bett und habe geträumt."

Die Angst verzerrt alles ins Unheimliche, Übermächtige und Groteske. Der Träumer selbst ist kleiner, hilfloser als in Wirklichkeit, die Gegner größer, stärker, aggressiver, die Situation absurder und oft ausweglos.

Angstträume sind Warnsignale der Seele. Sie weisen auf unverarbeitete Konflikte und Probleme des Wachzustandes hin, die die Seele im Traum aufzuarbeiten versucht. Meist gelingt dies auch, und der Angsttraum wird nur einmal in dieser speziellen Lebenssituation geträumt. Ist das Problem verarbeitet – darüber sprechen beschleunigt den Vorgang enorm –, wird dieser Traum ein einmaliges Erlebnis bleiben und in exakt dieser Variante nicht wiederkommen.

Schlimme Ereignisse (Unfall, Vergewaltigung, Einbruch, Überfall) können sich in Angstträumen wieder zu Wort melden. Auch an bestimmten Wendepunkten des Lebens treten scheinbar vermehrt Angstträume als Reaktion auf biologische/hormonelle Umstellungen und Veränderungen auf, etwa in der Pubertät und in den Wechseljahren.

Rechts: Eine Treppe führt nach oben (Karriere), aber es kann auch eine Sackgasse sein. Oben angelangt, geht es nicht weiter.

Treten Angstträume auf, ohne dass ein erkennbares Ereignis zu Grunde liegt, kann es an den Charaktereigenschaften des Träumers selbst liegen. Zwanghafte Verhaltensweisen, Disziplin- und Ordnungsfanatiker unterdrücken oft ihre „unordentlichen" Gefühle, die dann nur noch des Nachts hervortreten. Die unterdrückte Gefühlswelt meldet ihre Angst, völlig verdrängt zu werden.

Verfolgung

Schatten verfolgen uns im Wald, Schritte hinter uns werden immer lauter auf einer meist menschenleeren Straße, oder unter uns im Wasser sehen wir schemenhaft einen großen Raubfisch. Wir fühlen uns verfolgt, bedrängt und haben Angst. Verfolgungsträume kommen relativ häufig vor und sind eine typische Form der Angstträume. Bevor es für uns richtig gefährlich wird, wachen wir meist auf.

Zurück bleibt aber die Angst. Was wollten die Unbekannten von mir? Wollte der Raubfisch mich wohl angreifen?

Gibt es ein Ereignis – ein vergangenes oder zukünftiges –, das Ihnen Unbehagen verursacht? Meist will sich unser Bewusstsein nicht damit auseinander setzen, wenn z. B. der Chef überzogene Anforderungen stellt und das Betriebsklima einem schlaflose Nächte bereitet, man aber nicht die Stelle wechseln kann. Oder die Partnerschaft ist von Gleichgültigkeit bis hin zu Gewalttätigkeit geprägt, aber da gibt es noch die Kinder, für die die Beziehung erhalten bleibt.

Ist dies nicht der Fall, liegt das Problem im Träumenden selbst. Existenzängste, Versagensängste und Unsicherheit im Umgang mit anderen können sich auch im Bild der Verfolgung ausdrücken. Welchen Charakter hat mein Verfolger? Habe ich ihn mir schon einmal genauer angesehen? Treten Sie in Kontakt mit Ihrem Verfolger, sprechen Sie mit ihm.

Hindernis

Im Traum bauen sich nicht nur Wände vor uns auf, Türen schließen sich oder ein Rinnsal verwandelt sich in einen reißenden Fluss, sondern wir vergessen auch unsere Fahrkarte, den Autoschlüssel und verpassen den Anschlusszug. Unsere Beine werden schwer, die Schuhe kleben am Boden fest, oder wir können nicht mehr sprechen.

Hindernisse im Traum offenbaren Hemmungen in uns selbst, einen neuen Ansatz zu wagen, einen anderen Lebensweg einzuschlagen. Der Wunsch ist zwar da, wir machen uns auf den Weg, aber an der Grenze haben wir dann unseren Reisepass vergessen und müssen wieder umkehren. Oder die Reise verzögert sich zumindest.

Für die Deutung von Hindernisträumen ist die Identifikation dieser beiden widersprüchlichen Bestrebungen ausschlaggebend. Während der Träumer im Wachzustand noch vernünftig argumentieren kann, warum er sich gerade so und nicht anders entscheidet, zeigt ihm der Traum ganz unverblümt seinen Wunsch und seine Behinderung. Nicht die äußeren Umstände sind schuld an dem Misslingen, sondern die persönliche Mutlosigkeit, Ängstlichkeit oder mangelnde Tatkraft des Träumers. Wer seinen Reisepass vergisst, bleibt wohl doch lieber daheim, wer nicht von der Stelle kommt, ist innerlich gelähmt, und wer sprachlos ist, hat offenbar Angst, sich auszudrücken. Das Problem liegt also in einem selbst.

Flug/Fall

Fliegen und Fallen können sich im Traum ergänzen. Wer erst einmal abgehoben hat, kann fliegen, schweben, aber auch abstürzen. Ein Fall kann Voraussetzung für das Fliegen sein. Folgt eine weiche Landung oder ein jäher Sturz? Ist das Fliegen/Fallen von Angst begleitet, oder ist es ein angenehmes Gefühl? Kann der Fliegende/Fallende seinen Flug kontrollieren und lenken?

Im Traum zu fliegen ist das Bestreben, sich auszuzeichnen und zu erheben. Beim Fliegen tanzt der Träumende aus der Reihe. Normalerweise müssen sich Menschen auf ihren Füßen fortbewegen. Wer fliegen kann, ist also etwas Besonderes. Wer von angenehmen Flügen träumt, ist meist ehrgeizig und hat auch eine Gabe, mit der er aus der Masse hervortreten kann (Künstler, Politiker, Forscher, Wissenschaftler). Unangenehme Flüge und Stürze zeigen eher die Angst vor einem (Kontroll-)Verlust. Der Träumer möchte sich vielleicht gern aus der Masse abheben, aber er würde nur ungern seine sichere Bodenhaftung aufgeben. Sicherheit, Stabilität, Besitzstand und Gesundheit oder Ähnliches sind hohe Werte, die schützenswert sind. Diese würde der

Träumer nie aufs Spiel setzen. Er hat Angst, sie zu verlieren. In unserem Sprachgebrauch gibt es viele Begriffe mit symbolhafter und metaphorischer Bedeutung, mit denen Sie Ihre Gefühle ausloten können: Hochgefühl, einen tiefen Fall tun, abstürzen, Hochmut kommt vor dem Fall, Fallhöhe, abheben, in anderen Sphären schweben, Sturz ins Bodenlose, Abgrund, Höhenflug usw.

Tod

Vom Tod zu träumen bedeutet weder, dass man jemanden den Tod wünscht, noch, dass die Person im Traum tatsächlich in nächster Zukunft sterben wird. Auch den eigenen realen Tod wird kaum jemand träumen (allenfalls nach einem Horrorfilm). Wenn jemand von Tod, Begraben oder Begräbnis träumt, zeigt das einen Verlust und Abschied an, aber meist im übertragenen Sinn. Ein persön-

licher Lebensabschnitt geht zu Ende, die Beziehung zu einem geliebten Menschen wird lockerer, eine Trennung muss verkraftet werden. Zu trauern um etwas Verlorenes ist für manche Menschen nur im Traum möglich, weil sie sich tagsüber beherrschen und die äußeren Umstände, etwa den Umzug eines Nahestehenden, rational hinnehmen. Weinen, Schmerz, Wehmut und Klagen sind heute leider keine zeitgemäßen Ausdrucksformen mehr von Trauer.

Es ist aber auch durchaus möglich, dass Sie ein Projekt „begraben". Sie wollten schon als Kind Sängerin, Diplomatin oder Tierärztin werden, und die Möglichkeiten haben sich endgültig zerschlagen.

Links: Eine Beerdigung muss durchaus nicht traurig sein. Vielleicht haben Sie sich von einem Projekt endgültig verabschiedet.

Schwangerschaft und Geburt

So wie der Tod im Traum einen Abschied darstellt, zeigt die Geburt oder Schwangerschaft einen Neubeginn, eine Wandlung oder Kreation, die im Werden begriffen ist. Im Traum eine annähernd realistische Schwangerschaft oder Geburt zu erleben ist Frauen vorbehalten. Ein Mann wird sich gefühlsmäßig nicht mit einem kugelrunden Bauch im Traum erleben, weil ihm der wirkliche, emotional in seinem Gedächtnis gespeicherte Bezug und das körperliche Erleben fehlen. Aber auch Männer können schwanger sein, allerdings eher im Bild der Kopfgeburt. Wandlungen allgemein erleben Männer in Flug- oder Abenteuerträumen. Die Schwangerschaft und Geburt weisen also auf eine Idee, einen neuen Lebensabschnitt oder ein neues Projekt hin, das gedanklich erst noch wachsen und sich entwickeln muss wie ein Ungeborenes, bevor es umgesetzt werden kann.

Prüfung

Tagtäglich stehen wir auf dem Prüfstand, als Geprüfter und Prüfer. Wir beobachten, schätzen ein, kontrollieren, evaluieren usf. Halten die Ergebnisse unseren Erwartungen stand, müssen wir eventuell noch etwas nachlegen, mehr Leistung bringen? Sind unsere Mitmenschen, Mitarbeiter und Kollegen zuverlässig, können wir auf sie zählen, sind sie würdig, unsere besten Eigenschaften wie Vertrauen, Liebe, Zuneigung, Toleranz, Mitgefühl etc. zu erleben? Droht uns eine Enttäuschung, wenn wir uns öffnen, zu sehr vertrauen, zu früh Lorbeeren verteilen? Können wir selbst Wünsche und Hoffnungen von anderen erfüllen?

Am Tag läuft dieses Procedere zwar nicht unbewusst, aber so nebenbei ab, dass wir schon gar nicht mehr darauf reagieren und es mehr oder weniger verdrängen. Wir kümmern uns lieber um das Tagesgeschäft, auf den nächsten

Schritt. Aber nachts lässt uns unser Unterbewusstsein spüren, dass auch wir beobachten und beobachtet werden.

Die Prüfungen, die wir erleben, erinnern uns an real erlebte Prüfungssituationen. Die Klassenarbeit, die Diplom- oder Meisterprüfung, der erste Vortrag vor Kollegen, das Bewerbungsgespräch, die Verhandlung oder das Verhör.

Die normale Nervosität, feuchte Hände, Angstschweiß, leer gefegter Kopf, Versagen der Stimme oder ein Frosch im Hals, wird in diesen Träumen überhöht erlebt. Oft sind die Situationen so absurd, die Prüfungsthemen unmöglich zu bewältigen, oder die Prüfungsbedingungen verändern sich während des Traums ständig, und die Zuschauer lachen.

Rechts: Ein Baum im Traum kann Schutz bieten oder Ihnen das Licht nehmen.

Hat der Prüfling im Traum nie eine Chance? Nimmt er die Herausforderung an, und kämpft oder fühlt er sich schwach und hilflos – ausgeliefert? Hinterfragen Sie die Situation im Traum, und Sie erfahren, wie Sie im Alltag Prüfungssituationen bisher erlebt haben und in Zukunft besser bewältigen können.

EROTIK

Die Motive in erotischen Träumen reichen von Flirt, Verführung, Nacktsein, Sex mit einer/einem Unbekannten, Inzest, Zärtlichkeit, Pornografie bis hin zu Ekstase und Orgasmus.

Körperliche, sexuelle Regungen können in unseren Traum eingebaut werden und zu einem erotischen Traum führen, aber erotische Träume sind nicht immer sexuell zu deuten.

Eine starke emotionale Bindung, die gefährdet erscheint, z. B. zwischen Eltern und Kind während der Pubertät, kann sich den Weg in einen Inzesttraum bahnen.

Sex mit einer/einem Unbekannten bedeutet durchaus nicht das Bedürfnis nach anonymem Sex oder die Ablehnung des aktuellen oder gar festen Partners. Unser Traumgedächtnis entwickelt aus einer Randperson unseres Alltags oder aus Zügen von verschiedenen bekannten Menschen eine Person, die wir schließlich nicht mehr identifizieren können. Aber diese Traumart zeigt uns unsere unerfüllten sexuellen Wünsche und Bedürfnisse, entweder weil wir zurzeit keinen Partner haben, dieser nicht oft genug da ist oder irgendwas beim Sex nicht stimmig ist.

Oft verschmelzen in erotischen Träumen vielerlei Bedürfnisse nach Geborgenheit, Romantik, Zärtlichkeit, emotionaler Sicherheit und körperlicher Attraktivität zu einem

Ganzen. So kann die Nacktheit ein Spiel mit offensichtlichen oder halb verborgenen Reizen sein, Scham und Erniedrigung bedeuten oder die eigene körperliche Attraktivität zur Schau oder in Frage stellen.

Körper

Schreckliche Träume sind diejenigen, in denen wir Körperteile verlieren oder sie ins Abnorme wachsen. Wir werden verletzt, amputiert, sind krank, oder Haare und Zähne fallen uns aus, Fingernägel wachsen zu Klauen, Nasen hängen bis auf den Boden hinab. Hier helfen uns anfänglich viele Redensarten weiter: kopflos sein, zahnloser Tiger sein, den Boden unter den Füßen verlieren, Glatze, „Hand"-lungsunfähig, Krallen zeigen. Wenn Sie etwas im Traum zu verlieren drohen, fragen Sie sich, welche Bedeutung dieses Körperteil für Sie hat. Haare und Zähne stehen z.B. für Jugendlichkeit, Attraktivität, Vitalität und Aktivität.

Man verliert sie als Zeichen des Alterungsprozesses. Haare sind für viele auch Zeichen ihrer Männlichkeit/Weiblichkeit, und mit Zähnen verbinden Menschen auch ihre Fähigkeit, sich zur Wehr zu setzen („die Zähne zeigen“).

Werden bestimmte Körperteile größer, müssen Sie auf deren Eigenschaften achten: Krallen etwa können eingezogen oder ausgefahren werden. Sind Sie eher aggressiv oder zu nachgiebig? Eine lange Nase erinnert vielleicht an Pinocchio (Lügen). Wenn Ihre Arme immer länger werden, zerren vielleicht andere zu stark an ihnen – im übertragenen Sinne natürlich.

Kleidung

So wie das Nacktsein ambivalente Gefühle im Träumenden wecken kann, sind auch bestimmte Kleidungsstücke immer wiederkehrendes Inventar: Schuhe, Hüte, Stöcke, Taschen, Mäntel usw. Bei Kleidung spielt einerseits die Passform (Größe zu klein oder groß, unförmig, sackartig) eine Rolle, aber auch die Beschaffenheit (Stoffqualität, mit Löchern, zerrissen, alt, sehr modisch, ordinär), die Verwendung (Abendtasche, Reisetasche, Einkaufstasche), der Anlass als auch die Farbe sind von Bedeutung.

Kleidung im Traum zeigt die Art und Weise an, wie wir von anderen gesehen werden wollen oder wie andere uns – scheinbar – sehen. Durch bestimmte Kleidungsstücke, z.B. Hüte, können wir bestimmte Körperteile und Eigenschaften, hier unseren Kopf (Intellekt, Geisteskraft, Schönheit, tolle Haare, bezauberndes Lächeln), hervorheben oder bedecken. Welche Rolle wollen wir spielen? Passt unser Rollenverständnis zu uns? Übernehmen wir uns, verstecken wir uns, sind wir angepasst oder nonkonformistisch? Achten Sie auf Ihre Traumkleidung!

VERKEHRSMITTEL

Verkehrsmittel erleichtern den Weg von A nach B. Autos, Fahrräder, Busse, Bahnen, Flugzeuge und Schiffe sind Symbole für das Leben und die Entwicklung des Träumenden, seine Ziele, den Weg, um im Leben etwas zu erreichen und seine Wünsche zu verwirklichen. Wie viel Energie wird gebraucht? Wie entschlossen und wie schnell wird der Weg zurückgelegt? Welches Bild hat der Träumende von sich selbst und seiner Motivation, etwas zu erreichen? Wird der Zug verpasst, hat das Auto eine Panne, wird ein rasanter Sportwagen gefahren, kommt das Schiff in Seenot, wird der Wagon des Zuges permanent abgehängt, macht der Träumende seinen Pilotenschein?

Fortbewegungsträume zeigen einerseits die eigene persönliche geistige und körperliche Verfassung des Träumenden, aber auch seine innere Einstellung zu den Dingen des Le-

bens. Eine Reifenpanne kann darauf hindeuten, dass es dem Träumenden körperlich nicht gut geht („Die Luft ist raus"), aber auch dass sein berufliches Projekt nicht gut vorankommt.

Haus

Das Haus *(siehe auch Bild links)* steht im Allgemeinen für die Person des Träumenden. So haben alle Räume ihre Bedeutung: Der Keller ist das Unbewusste, die Küche der Bereich des Fürsorglichen und der Kommunikation, Wohn- und Arbeitszimmer gehören den Alltagsbeschäftigungen, das Schlafzimmer beherbergt die Sexualität und die Partnerschaft. Je höher die Räume im Haus liegen, umso mehr nähert man sich dem geistigen Bereich, dem Verstand und der Intellektualität. Der Dachboden steht für vergessene oder verdrängte Konflikte.

Im Traum wird umgezogen, renoviert, neu eingerichtet, die Wände werden schief, der Träumende entdeckt unbekannte Räume oder ganze Etagen, geht Treppen hinauf oder hinab, ist im Keller gefangen, benutzt die Toilette oder das Bad, oder Gespräche und Auseinandersetzungen mit Traumpersonen finden in einem bestimmten Raum statt.

Alle diese Tätigkeiten stehen also mit der Persönlichkeit des Träumenden in direktem Zusammenhang. Der Ort der Traumhandlung steckt schon den Bereich ab, um den es sich im Traum dreht.

Farben

Ist in Ihrem Traum plötzlich alles hellgrün oder rosarot, dann sehen Sie scheinbar die Realität durch eine getönte Brille. Die Farbsymbolik sagt Ihnen dann, welche Stimmung, welches Gefühl bei Ihrer Weltsicht vorherrscht. Oder nur bestimmte Gegenstände sind nun im Gegensatz zu Ihrem Leben anders gefärbt. Tragen Sie normalerweise nur gedeckte Farben, aber im Traum tragen Sie ein knallrotes Abendkleid? Oder Ihre Kaffeetasse ist schlicht weiß, und nun schillert sie in allen Regenbogenfarben? Oder Ihre Wohnung ist auf einmal knallbunt wie bei Alice im Wunderland? Versuchen Sie, die Stimmung zu beschreiben, die diese Farben im Traum in Ihnen ausgelöst haben. Ihre persönliche Interpretation ist hierbei die für Sie richtige, auch wenn sie eventuell von der üblichen abendländischen Farbsymbolik abweicht. Vielleicht haben Sie durch viele Reisen und Literatur schon Farblehren anderer Kulturen verinnerlicht, z. B. asiatische. Manche Farbbedeutungen stehen dann konträr oder ergänzend zur in Mitteleuropa üblichen Deutung. Schwarz ist bei uns u. a. die Farbe der Trauer, in Asien tragen die Menschen hingegen bei Traueranlässen weiße Kleidung.

WASSER

Wasser ist grundsätzlich das Element des Lebens; aus dem Wasser ist das Leben entstanden. Tiere, Pflanzen und auch wir Menschen bestehen zum größten Teil aus Wasser, und wir können schneller verdursten als verhungern. In vielen Schöpfungsmythen, religiösen Kulten und archaischen Bildern spielt Wasser eine zentrale Rolle.

Träume von Wasser verweisen uns auf unsere Herkunft und grundlegende Existenz. Und so widersprüchlich unsere Existenz sein mag, so vieldeutig ist auch das Symbol Wasser. Es hat gute Qualitäten wie auch negative Eigenschaften. Wasser kann ein Bild von Stille und Frieden vermitteln (ruhiger See, genüssliches Eintauchen), es kann zum Kampf herausfordern (gegen die Strömung schwimmen), es kann zerstören (Überschwemmung), und es kann retten (Wasser in der Wüste). Wie Wasser im Traum erscheint, zeigt, wie

wir momentan mit unserer Lebenskraft umgehen, wie das Leben mit welchen Kräften auf uns wirkt. Zu dem Begriff Wasser fallen Ihnen bestimmt unzählige Assoziationen ein, die Ihnen helfen, Ihren Traum individuell zu deuten.

Feuer

Feuer ist ähnlich vielfältig zu interpretieren wie das Symbol des Wassers. Mit dem Feuer begann zivilisatorisch der Aufstieg des Menschen. Das Feuer machte ihm viele technische Errungenschaften möglich. Als Erstes ist es ein Zeichen für Energie (Wärme, Lebenskraft, Geistestätigkeit, Leidenschaft, Hingabe, Gier), aber auch für Gefahr (Verbrennen, Zerstören, Vernichten) und Erneuerung („wie ein Phönix aus der Asche"). Die Flammen eines offenen Feuers können hell lodern, Feuer kann als Glut unter der Asche verborgen sein – das Spiel mit dem Feuer ist faszinierend, aber gefährlich. Brennt das Feuer im Kamin, oder strahlt nur eine Kerze im Raum? Bedroht ein Feuersturm das Haus, oder muss der Träumer im Wald vor einer Feuersbrunst flüchten?

Feuer zeigt meistens ein seelisches Ungleichgewicht an (Feuer und Flamme sein, auf Sparflamme) oder die Angst, alles zu verlieren, etwa, wenn das Haus abbrennt.

Tiere und Pflanzen

Wie in Märchen oder Fabeln, die wir aus der Kindheit kennen, verkörpern Tiere im Traum bestimmte Eigenschaften. Dabei geht es nicht um ihre tatsächlichen biologischen Verhaltensweisen, sondern um die ihnen zugeordneten Charaktere, wie sie kulturell tradiert werden. Auch wenn wir noch nie einem dieser Traumtiere leibhaf-

tig gegenüberstanden, wissen wir doch, dass ein Elefant dickhäutig ist, eine Schlange giftig und gefährlich, ein Löwe majestätisch, ein Wolf böse und ein Fuchs schlau.

Tauchen in Träumen Tiere aus dem Umfeld des Träumers auf – Hunde, Katzen, Kühe oder Schweine und Vögel –, so ist hierbei erst einmal an reale Tiererlebnisse aus der Vergangenheit des Träumenden zu denken. Vielleicht haben Kühe Sie als Kind von einer Wiese gejagt, oder ein Hund hat Sie gebissen? Dann stellt der Traum durch dieses erinnernde Tiererlebnis jetzt einen aktuellen Bezug her. Durch die sonderbare Konzeption der Traumwelt kann nun das Tier, das uns begegnet, ein Teil von uns selbst sein, es kann sich aber auch um einen menschlichen Gegenspieler im

Links: Der Löwe versinnbildlicht Macht- und Herrschaftsanspruch, Kraft und Leidenschaft.

Traum so wie im Leben handeln, oder es sind Mitmenschen, mit denen wir uns dringend beschäftigen sollten, weil wir einen ungelösten Konflikt mit ihnen austragen.

Mit Pflanzen verfährt die Traumwelt auf ähnliche Art und Weise. Blumen haben ebenfalls eine kulturell tradierte Bedeutung (Rose = leidenschaftliche Liebe; Veilchen = Bescheidenheit), aber bei vielen Pflanzen wird das äußere Bild in Beziehung zu menschlichem Verhalten gesetzt. Dornen, Stacheln und Gift sind Schutz vor Zerstörung oder Annäherung, Schlingpflanzen umgarnen den Träumenden bedrohlich, und manche Gewächse sind atemberaubend schön, aber lebensgefährlich, und der Träumende tappt in die Falle. Bäume sind ein uraltes Symbol des Lebens (Lebensbaum, Stammbaum) mit tiefer Verwurzelung und verweisen meist auf die persönliche Entwicklung des Träumenden oder seinen momentanen Zustand: krank, schief, gefällt, ohne jungen Austrieb usw.

Besondere Arten zu träumen

Wiederkehrende Träume

Als wiederkehrender Traum werden Träume bezeichnet, bei denen die wichtigsten Elemente (Thema, Personen, Konflikt, Ergebnis) unverändert in mindestens zwei Träumen hintereinander auftauchen. Der Traum kann unverändert mehrmals, manchmal monate- oder jahrelang, immer wieder aktuell werden. Manchmal scheint der Traum sich auch nur oberflächlich verändert zu haben, die oben genannten Grundstrukturen bleiben aber gleich. So kann sich ein Konflikt in einer Paarbeziehung immer um ein Thema drehen (Nähe/Distanz), die Personen sind immer der Mann und die Frau, der Konflikt erscheint (zu viel Distanz/zu viel Nähe) im Verlauf der Traumhandlung, und das Ergebnis ist immer das gleiche (Trennung). Der Traum spielt aber einmal am Strand, einmal im Garten oder dann im Restaurant. Trotzdem handelt es sich um einen wiederkehrenden Traum. Ändert sich eine der vier Grundkonstanten (aus Partner wird Vater oder Kollege), wird von einer Traumserie gesprochen.

Wiederkehrende Träume beschäftigen sich mit existenziellen Ängsten und Problemen, die schon im Wachzustand mit starken Gefühlen belastet sind und daher verdrängt werden. Je stärker die Verdrängung, umso intensiver werden die Träume erlebt, die sich bis zum Albtraum auswachsen können. Beim Träumenden kann dann die Angst vor dem Traum sogar eine Angst vor dem kommenden Nachtschlaf mit ihrem Traum auslösen (Angstneurose). Hier ist professionelle Hilfe angesagt.

Wiederkehrende Träume sind wie ungebetene Gäste, die sich den Einlass erzwingen wollen. Sie stehen immer wieder vor der Tür, und ihr Anklopfen wird immer lauter und drängender. Da ist ein Zeichen für die Brisanz des Traumthemas. Der Träumende sollte ihnen nicht ausweichen.

Sobald der Träumer sich bewusst und lösungsorientiert mit dem Trauminhalt auseinander setzt, verschwinden diese Träume. Der Traum hat dann seine Aufgabe erfüllt.

Luzide Träume

So genannte Klarträume (luzide Träume) sind selten, aber intensiv. Der Träumende ist sich bewusst, dass er träumt, und kann so seinen Traum sehr deutlich erleben und teilweise auch gestalten. Bei Angstträumen ist die Fähigkeit, luzid zu träumen, ein Vorteil, weil sich der Träumer schon im Traum seiner Angst stellen, das Geschehen zu

Links: Sie sind in ein Labyrinth geraten und finden den Ausweg nicht? Entwickeln Sie eine Strategie, und der Traum verschwindet.

seinen Gunsten beeinflussen und gegebenenfalls ein für ihn positives Ende herbeiführen kann. So ist natürlich die Traumarbeit sehr effektiv. Der Träumer muss seine Träume nicht in den Wachzustand transferieren und dort interpretieren und bearbeiten.

Die Technik des luziden Träumens ist erlernbar, indem der Träumende sich im Wachzustand in seinen Traum hineinversetzt, sich dann eine neue Handlung ausdenkt und sich vornimmt, in der nächsten Nacht diese neue Handlung in seinen Traum einzubauen. Der Aufwand ist groß, weil es sehr langes Üben nötig macht, und der Erfolg ist schwierig zu messen und kann auf sich warten lassen. Luzides Träumen erfordert eine sehr hohe Konzentrationsfähigkeit, die durch meditative Übung und Erfahrungen unterstützt wird. Luzides Träumen wird in bestimmten Therapieformen als Ansatz gewählt, gegen Angstträume zu wirken und ihnen eine positive Wendung zu geben.

Tagträume

Gerade kehren Sie in Gedanken von einer Reise zurück, Sie haben das Gespräch mit Ihrem Chef Revue passieren lassen und ihm jetzt in Gedanken die passenden Antworten gegeben, oder Ihre liebste Feindin fordert Ihre Rachegedanken geradezu heraus.

Mehrmals am Tag, und das für mehrere Sekunden, versinkt der Mensch in einen Tagtraum, ohne dass er es bemerkt oder er über dieses Phänomen reflektiert.

Tagträume haben eine ähnliche Funktion wie Nachtträume, sie organisieren unser Seelenleben neu, in ihnen erholen wir uns von Stress, Monotonie und den Zwängen des Alltags, in ihnen haben wir alle Freiheit der Welt, zu denken und zu fühlen, wie und was wir wollen. Und ebenso wie unsere Träume im Tiefschlaf erzählen uns auch unsere

Tagträume etwas über unsere inneren Bedürfnisse, über uns selbst. In unseren Fantasiereisen spielen wir gerne die Person, die wir sein wollen. Wir treten unserem Chef energisch gegenüber, sagen unserem nervenden Nachbarn endlich die Meinung, sind spontan genug, kurzerhand nach London zu fliegen, und malen uns dabei aus, wie erfolgreich wir in alledem sind.

Tagträume mit negativem Inhalt haben gleichfalls eine positive Funktion. In ihnen loten wir die Katastrophe, die wir erlebt haben, aus oder erproben die schlimmste anzunehmende Möglichkeit, wie etwas ausgehen kann. Das ist anfänglich deprimierend, niederschmetternd und traurig, aber indem wir die Gedanken zulassen, können wir das

Rechts: Springt oder fällt man im Traum von einem Haus oder Turm, wird man immer vor dem Aufprall aufwachen.

Erlebnis verarbeiten, und indem wir auf diesen schlimmsten Fall gedanklich schon vorbereitend sind, können wir ihn überhaupt oder besser ertragen. Krisen, die wir bestanden haben, und Fehler, die wir gemacht haben, können in Tagträumen ganz neue Dimensionen unserer Persönlichkeit ans Licht bringen. Tagträume können unser Seelenleben umprogrammieren, und wir erzielen einen Lerneffekt für die kommenden Situationen, die uns herausfordern.

Tagträume sind in ihrer Sprache offensichtlicher, aber auch hier gibt es wiederkehrende Träume. Manche Menschen entwickeln Tagträume, die sie abrufen wie ein festes, lieb gewonnenes Ritual. Sie sind Fluchten aus dem Alltag. Gerade diese Träume sind mit Sicherheit einer Deutung wert. Bei der Interpretation von Tagträumen können Sie die gleichen Verfahren wie bei Ihren Nachtträumen anwenden: Verlassen Sie sich auf Ihre Gefühle, seien Sie wahrhaftig. Schreiben Sie Ihre Träume auf, und assoziieren Sie.

Symbole von A–Z

Ein Symbollexikon als Hilfe zur Traumdeutung ist nicht der Weisheit letzter Schluss. Es soll lediglich als Anregung verstanden werden. Um einen Traum zu deuten, genügt es nicht, das Lexikon aufzuschlagen und unter den Begriffen nachzuschauen. Wenn Sie glauben, so hinter die verschlüsselte Botschaft Ihres ganz persönlichen Traums zu kommen, dann werden Sie wahrscheinlich enttäuscht sein.

Eine Deutung ist wie ein Puzzle, ein Teil muss sich ins andere fügen, um ein stimmiges Bild zu ergeben. Haben Sie also mehrere Symbole, deren Bedeutung Sie erfassen wollen, gehen Sie erst vor wie in Kapitel 5 beschrieben. Oft reicht es, die Bedeutung von zwei oder drei Symbolen zu erfassen: Sie geben das große Thema Ihres Traums an. Alles andere fügt sich dann wie von selbst ein.

Wenn Sie darüber hinaus noch Hilfe brauchen, weil Sie Ihre Deutung vertiefen wollen oder ein Symbol Sie irritiert, schauen Sie sich Symboldeutungen an. Vielleicht können Sie eine der im folgenden Lexikonteil beschriebenen Assoziationen gut gebrauchen, damit sich die Auslegung Ihres Traums zu einem Gesamtbild abrundet.

Da eine riesige Zahl von Stichwörtern vorstellbar wäre, die hier selbstverständlich nicht alle aufgeführt werden können, schauen Sie – wenn Sie nicht gleich fündig werden – unter verwandten Begriffen nach. Finden Sie König, Chef oder Direktor nicht, dann schauen Sie unter Vater nach. Berg oder Felsen sind in der Interpretation ähnlich zu Mauer. Lesen Sie dort nach. Eine Symbolgruppe bilden Feuer, Flamme und Glut. Alles, was in die gleiche Kategorie gehört (etwa Fortbewegungsmittel, Elemente aus dem heilenden Gewerbe usw.), lässt sich auch ähnlich deuten.

Umgekehrt lässt sich auch ein einziges Symbol gegensätzlich interpretieren. Hier ist Ihre Kombinationsgabe gefragt!

Abend Der Abschluss des Tages dient der Entspannung, der Ruhe und der Stille. Vielleicht braucht der Träumer gerade dieses – mehr Zeit für sich, um zu sich selbst zu finden. Am Abend herrscht Zwielicht, er ist die Grenze zwischen Tag und Nacht, der Übergang von Bewusstsein zu Unterbewusstsein. Hier findet sich ein Hinweis auf die Notwendigkeit oder Möglichkeit, sein Unbewusstes zu befragen, um Wünsche und Bedürfnisse genauer und deutlicher zu sehen. Bei älteren Menschen kann der Abend auch den Lebensabend meinen. Auf der einen Seite stehen dann Erfahrung und Weisheit des Alters, auf der anderen Seite ist das aktive Berufsleben als Lebensabschnitt beendet, und es stellt sich die Frage, was das Leben jetzt noch bringt.
Abendessen Schließt sich an den Tag ein Abendessen an, so kann der Träumende etwas erfolgreich abgeschlossen haben. Ein üppiges Essen krönt sozusagen einen Gewinn bringenden Tag. Das Abendessen kann aber auch in der Bedeutung von Lebensabschnitt gesehen werden: Ein

Zustand wird beendet, oder etwas Neues beginnt. Das Wie des Essens ist hier entscheidend.

Abfall Nicht mehr Benötigtes erscheint im Traum als Abfall. Konkrete Gegenstände mit ihren Farben, die zum Abfall gehören, weisen auf eine präzise Deutung hin. Abfall kann aber auch für Verschwendung und Konsum stehen. Diese müssen sich nicht unbedingt in materiellen Dingen manifestieren, es können auch Beziehungen, Gefühle und Energieverluste sein, sodass der Träumende eine große Menge Abfall produziert, weil er Gefühle investiert, die vergeblich sind.

Abgrund Am Abgrund zu stehen oder in einen Abgrund zu blicken bedeutet, das große schwarze Loch in der eigenen Persönlichkeit entdecken, eine gewisse Leere, die deprimiert und erschreckend ist. Aber es kann auch eine Unternehmung sein, die ein unwägbares Risiko in sich birgt. Der Träumer kann die Tiefe des Abgrundes nicht einschätzen, er weiß nicht, was auf ihn zukommt. Der

Abgrund kann eine kritische Lebenssituation – persönlich oder beruflich – darstellen.

Abhang Einen Abhang hinauf- oder hinabklettern ist eine schwierige Aufgabe, bei welcher der Träumer versagen kann. Je steiler der Hang, je gefährlicher die Ausgangslage (Geröll, nass), umso mehr sollte sich der Träumer einer drohenden Gefahr bewusst sein.

Abreise Reist der Träumende ab, will er etwas hinter sich lassen. Dies können Verhaltensweisen, Gewohnheiten, einengende Denkmuster oder die Lebensweise sein. Vielleicht braucht der Träumer mehr Freiheit, Unabhängigkeit und Individualität. Abreisen wird aber auch derjenige, der sich keiner Verantwortung stellen oder Schwierigkeiten und Konflikten aus dem Weg gehen will. Auch wer bestimmten Dingen aus der Vergangenheit, die ihn stark emotional beschäftigen, nicht ins Auge blicken will, wird gerne abreisen.

Abschied Ein Abschied bedeutet eine Wandlung und Veränderung im Leben des Träumenden. Er kann aber auch die Angst vor zu viel Nähe, den Wunsch nach Distanz oder Misstrauen gegenüber Eigenschaften anderer ausdrücken.

Abstieg Ein Abstieg ist ein Eintauchen in die unbewussten Seelenbereiche. Geht der Träumer eine Treppe, Leiter oder einen Berg hinab, liegt die Lösung eines Problems in der Vergangenheit, in erlebten Traumata, die nur im Unbewussten erinnert werden können und auf bewusste Verarbeitung warten. Die Angst vor Statusverlust oder sozialem Abstieg kann auch eine Rolle spielen, ebenso wie der mystische Wunsch und das Streben nach spiritueller Wiedergeburt, Weisheit oder Unsterblichkeit.

Abzeichen Erhält oder wünscht sich der Träumende ein Abzeichen, dann ist Gruppenzugehörigkeit für ihn wichtig. Er will dazugehören. Der Erhalt dieses Abzeichens würdigt die Eigenschaften und Fähigkeiten des Träumers. Es ist ein Zeichen von Macht.

Acht Die Zahl Acht steht für Ganzheit, Recht und Gerechtigkeit, aber auch für die Überwindung des Todes.

Adresse Etwas zu adressieren bedeutet, etwas zielgerichtet zu tun. Etwas in der Gegenwart des Träumers verlangt Aufmerksamkeit, vielleicht sollen Motivation oder Handlungsmöglichkeiten hinterfragt und ausgelotet werden. Ein Mitteilungsbedürfnis an andere kann ebenfalls im Bild der Adresse, des Adressierens auftauchen. Eine Adresse bedeutet Heimat, eine bekannte Adresse bedeutet Sicherheit, eine alte Adresse ist die Aufforderung, Rückschau zu halten und über alte Denkmuster und Verhaltensweisen nachzudenken.
Affäre Das Bedürfnis nach Aufregung, Anregung, etwas Neues auszuprobieren, ein emotionales oder berufliches Risiko einzugehen sowie die eigenen sexuellen Belange auszuleben und einzufordern, kann sich in einer Traumaffäre äußern. Der Träumende sucht nach etwas, das ihn

Rechts: Hat Ihr Auto eine Panne, geht es auf Ihrem Lebensweg gerade nicht so recht weiter. Ihnen fehlen die Mittel. (siehe Auto)

emotional befriedigt, im realen Leben kann er diese Gefühle vielleicht nicht ausleben, oder er empfindet sie als inakzeptabel.

Affe Der Affe ist menschenähnlich, aber ein wildes Tier. Entscheidend ist, was der Affe im Traum macht: lachen, nachahmen, zerstören, wild sein, seine Triebe ausleben. Von einem Affen zu träumen ist ein Hinweis auf die triebhafte Seite des Träumers. Oder das Bild zeigt die Angst des Träumenden, „sich zum Affen zu machen", also nicht ernst genommen zu werden, albern zu wirken.

Akten In Akten werden Dinge sortiert und abgelegt. Akten im Traum weisen meist auf Unerledigtes, nicht Aufgearbeitetes hin: seelische Belastung, Unsicherheit, Gewissenskonflikte und Schuldgefühle. Alte Akten verbergen diese Gefühle. Werden sie hervorgeholt, kann der Träumende Angst haben, dass etwas ans Licht kommt, das er bisher verborgen hat (Ängste, Fehler, Irrtümer). Akten umzuräumen, hin- und herzuräumen, sich aber nicht mit ihrem Inhalt zu beschäftigen, zeigt, dass der Träumende sich nicht mit der Wirklichkeit auseinander setzen will. Werden dagegen neue Akten angelegt, erweitert der Träumer sein Spektrum an Verhaltensweisen und Erfahrungen.

Alkohol Der Alkohol erlaubt dem Träumer, aus sich herauszugehen, lockerer zu sein, Dinge zu tun, die er im Wachzustand vielleicht verstandesmäßig zu stark kontrolliert, die er aber gerne erleben und tun würde. Im Traumrausch wird erlebt, dass gar nichts Schlimmes passiert, wenn man sich amüsiert und nicht immer alles unter Kontrolle hat. Der Alkohol bewirkt eine positive Bewusstseinsänderung. Dieses Gefühl könnte der Träumer in den Wachzustand transferieren. Dagegen zeigt Volltrunkenheit, dass der Träumende den Bezug zur Realität verloren hat bzw. Dinge des Alltags nicht mehr richtig beurteilen kann. Er sollte sachlicher an Probleme usw. herangehen.

Almosen Gibt oder empfängt der Träumende ein Almosen, geht es häufig darum, wie er die Beziehung zu einem anderen Menschen gestaltet oder empfindet. Kommt er sich wie ein Bittsteller vor, fühlt er sich erniedrigt, wenn er ein Almosen empfängt? Mit welchen Gefühlen teilt er selbst ein Almosen aus: Milde, Mitgefühl oder Herablassung? Wenn Gefühle im Alltag unterdrückt werden, können sie im Traum als Bettler wieder auftauchen. Sie bitten dann sozusagen um ein Almosen, um Beachtung.

Arm Arme sind das Symbol unserer Handlungsfähigkeit. Gebrochene, zu lange, zu kurze oder dürre Arme zeigen an, wie es um die Fähigkeiten des Träumers steht, Dinge aktiv zu gestalten.

Auge Augen sind die Spiegel der Seele. Blindheit oder eingeschränkte Sehfähigkeit deuten auf den Verlust der Fähigkeit zur Erkenntnis des Träumers hin.

Ausziehen Sich seiner Kleider zu entledigen bedeutet, „ich habe nichts zu verbergen“, aber die Gefahr, sich bloßzustellen, ist groß. Nacktheit kann auch auf einen Hang zur Hemmungslosigkeit hinweisen.

Auto Das Auto steht als Symbol für das Ich und den Lebensweg des Träumenden. Pannen, falsche Bedienung, die Art des Autos, die Fahrweise, Ängste, die mit dem Autofahren zusammenhängen (Bremsen versagen, Person wird angefahren, Einparken), zeigen die Schwierigkeiten des Träumenden in seinem Leben.

Bahnhof Der Bahnhof ist vielfach ein Bild des Unbewussten im Sinne einer Schaltstelle in unserem Lebens. Veränderungen der Lebenssituation, der Gefühle oder der Beziehungen zu den Mitmenschen können sich als Bahnhofsträume darstellen.

Baum Als Symbol des Lebens taucht der Baum in den Träumen auf. Er steht für die Persönlichkeit des Träumers. So ist bei einer Deutung auf den Zustand des Baumes zu achten. Kahl, ohne Blätter, abgestorben, Schösslinge wachsen aus ihm heraus, er trägt Früchte, an seinen Wurzeln nagen Mäuse, der Stamm ist glatt, viele verzweigte Äste oder er braucht besondere Pflege usw.

Berg Als ein Zeichen für Hindernisse im Leben des Träumenden steht der Berg. Wie der Auf- oder Abstieg aussieht, ob der Träumende sein Ziel, den Gipfel, erreicht oder nicht, sagt etwas darüber aus, wie dieses Problem im Leben angegangen wird. *(siehe links)*

Bestrafung Für Versagen bestraft zu werden ist aus der Kindheit bekannt. Für den erwachsenen Träumer ist es einfacher, von einer Bestrafung zu träumen und den Schmerz zu ertragen, als den Grund des Versagens aus der Welt zu schaffen.

Blau Die Farbe des Himmels, der Weite und Unendlichkeit und die Farbe des Wassers, des Unbewussten und Weiblichen. Blau strahlt seelische Gelöstheit, geistige Überlegenheit und Wahrhaftigkeit aus.

Blitz Unkontrollierbare Kräfte beeinflussen das Seelenleben des Träumers. Der Blitz kann für aufgestaute aggressive Energie des Träumenden stehen, die sich plötzlich entlädt. Leuchtet nur kurz ein Blitz auf und erhellt die Umgebung, ohne zerstörerische Kraft zu entfalten, kann es sich um eine blitzartige Eingebung handeln.

Blumen Blumen im Traum stehen für Schönheit und Freude. Einen Blumenstrauß zu bekommen ist eine Belohnung. Farben und Blumensorte haben eine Bedeutung, z. B. bedeuten Glockenblumen einen streitsüchtigen Partner, Lilien deuten auf Unglück und Tod, Nelken können eine leidenschaftliche Affäre bedeuten, Primeln stehen für eine gute Freundschaft, Rosen zeugen von Liebe, und Vergissmeinnicht weisen auf eine unerfüllte Partnerschaft hin.

Blut Blut steht für Lebensenergie. Ist der Träumer verletzt, fehlt ihm diese Energie. Er braucht Hilfe und muss überlegen, woher er sie bekommt. Hat er sich selbst verletzt, besitzt er selbst zerstörerische Kräfte. Wird die Blutung gestillt, muss der Träumende sich bewusst werden, dass er die Kraft hat, sein Leben zu meistern.

Braun Die Erde und der mütterliche Aspekt der Natur werden durch die Farbe Braun symbolisiert.

Brille Die Fähigkeit, richtig zu sehen, wird durch eine Brille verdeutlicht. Mit Brille kann der Träumende seinen Blick nach außen richten und seine Umwelt besser verstehen. Trägt ein anderer unerwartet eine Brille, zeigt dies Missverständnisse oder Unverständnis in dieser zwischenmenschlichen Beziehung. Trübe Gläser können auf eine falsche Sichtweise des Träumers verweisen. Sitzt die Brille schief, haben vielleicht die Ansichten eine gewisse Schieflage. Eine beschlagene Brille lässt die richtige Einschätzung der Lage vermissen.

Brücke Die Brücke ist im Traum ein Symbol des Übergangs von einer Lebensphase in eine andere. Sie steht für die Überwindung von Hindernissen (Gewässer/Tal) und für Problemlösungen. Die Art der Brücke, ihre Konstruktion und ihr Zustand (wackelig? marode?) sagen etwas über die momentane Lebenssituation aus.

Brunnen Der Brunnen beschreibt den Zugang zu den unbewussten Kräften der Seele. Er ist ein Zeichen für Wie-

dergeburt, Heilung und Wunscherfüllung. Wer aus seinem Brunnen reichlich klares Wasser schöpfen kann, wird auf diese Kräfte zugreifen können. *(siehe links)*

Brust Als Symbol des Mütterlichen und des Nährenden verweist die Brust auf geistige Erkenntnis oder auf eine starke Mutterbindung.

Burg Die Burg ist ein Zuhause, ein Haus, das optimalen Schutz bieten soll. In der Persönlichkeit des Träumenden gibt es einen Schutzwall und starke Verteidigungsstrategien. Diese müssen erst abgebaut werden, bevor er einfacher mit anderen Menschen in Kontakt treten kann.

Bus Während das Auto ein Symbol für den Lebensweg des Einzelnen ist, steht der Bus eher für das Verhalten des Ichs in der Gemeinschaft.

Chamäleon Sich im Traum wie ein Chamäleon verhalten zu können weist auf die Fähigkeit des Träumenden hin, sich den Gegebenheiten seiner Umgebung bei Bedarf anpassen zu können.

Champagner Champagner steht natürlich für ein gewisses Bedürfnis nach Luxus, Genuss und Außergewöhnlichem. Prickelnder Champagner und kribbelnde Erotik können zusammenhängen. Zudem ist er ein alkoholisches Getränk.
Chaos Traumchaos ist wörtlich zu deuten. Auch im realen Seelenleben des Träumenden herrscht Chaos. Eine positive Wendung ist zu erwarten, wenn auf das Chaos im Traum mit Ordnungssymbolen reagiert wird (Kontrolleur, Direktor, Polizist).
Chauffeur Der Chauffeur steuert unseren Wagen. Das Auto als Symbol des Lebens oder der Persönlichkeit des Träumenden wird von jemand anderem gelenkt. Hört der Chauffeur im Traum auf die Anweisungen des Träumenden, hat der Träumer sein Leben im Griff. Ist er einfach zum Beifahrer degradiert, hat der Träumende auch im Leben Schwierigkeiten, sich durchzusetzen.
Chef Als Vaterfigur verlangt der Chef Respekt. Als Anteil an der Persönlichkeit des Träumenden bedeutet der Chef

eine innere Mahnung an Pflichten und Verantwortung. Der Chef kann Vorbild sein oder mit seiner Macht den Träumenden erdrücken. Auch der Wunsch des Träumers, selbst mehr Macht zu haben, Chef zu sein, kann sich in diesem Traumbild ausdrücken.

Chirurg Der Chirurg nimmt eine Operation vor. Dieses ist eine bewusste Entscheidung des Träumenden für eine Veränderung. Konsequenzen der Operation müssen bedacht werden, die Angst vor ihr muss überwunden werden, weil der chirurgische Eingriff letztlich der Heilung dient.

Chor Mitglied eines Chores zu sein oder sich Chormusik anzuhören zeigt das Bestreben des Träumenden, im Einklang mit seinen Mitmenschen zu stehen und sich um gute Beziehungen zu bemühen. Viele Sänger im Chor sind auch als Teil der eigenen Persönlichkeit zu verstehen. Jeder Mensch füllt in seinem Leben die verschiedensten Rollen aus. Dementsprechend muss er bemüht sein, alle Stimmen harmonisch miteinander zu verbinden. Ist der Träumer Chorleiter oder Dirigent, steht das für seine Führungsqualitäten, aber auch für den Wunsch, seinen Belangen Gehör zu verschaffen.

Computer Der Computer kann als Werkzeug zur Informationsbeschaffung dienen. In ihm ist gleichzeitig Vergangenheit und Gegenwart abrufbar. Auf der anderen Seite ist der Computer eine unpersönliche Maschine, mit der Menschen einen großen Teil ihrer Zeit verbringen. Wichtig für die Deutung ist also das Empfinden und die Tätigkeit des Träumenden, wenn er am Computer arbeitet.

Cowboy Cowboy zu sein ist ein Kinderspiel. Es ist ein Symbol für unreife Männlichkeit, Abenteuerlust, Geltungsstreben und Freiheitsdrang.

Dach Das Dach übernimmt die Schutzfunktion für das Haus, die Persönlichkeit des Träumenden. Es symbolisiert den Bereich des Verstandes, aber auch der Erinnerung, der Information. Diese werden auf dem Dachboden unseres

Seelenlebens verstaut und versteckt. Ein undichtes Dach zeigt, dass der Träumende emotional verletzbar ist oder sich angegriffen fühlt, er ist seiner Umwelt schutzlos ausgeliefert. Steigt jemand aufs Dach, fühlt er sich selbstsicher und stark. Einer anderen Person aufs Dach zu steigen bedeutet, ihn überflügeln zu wollen, ihm zu zeigen, wo es langgeht.

Dämmerung Die Dämmerung ist der Übergang zwischen Abend und Nacht oder zwischen Nacht und Morgen. Das Licht ist diffus, die Lage unklar. So fühlt sich auch der Träumende während der Dämmerung in einer Wandlung begriffen, von der er nicht weiß, was ihn danach erwartet.

Dämonen Unheimlich, bizarr, erschreckend oder hilfsbereit. Die Doppeldeutigkeit von Dämonen kann einen Zwiespalt im Träumenden ausdrücken: Schuldbewusstsein und Gewissensangst. Lösen sie Ängste aus, die den Träumenden auch im Wachzustand verfolgen, sollte therapeutische Hilfe in Anspruch genommen werden.

Datum Wird im Traum explizit ein Datum genannt, dann sollte der Träumende diesem besondere Aufmerksamkeit schenken. Es kann sich um ein Ereignis aus der Vergangenheit handeln, aber auch um ein zukünftiges. Auch die einzelnen Zahlen des Datums können eine Bedeutung für den Träumer haben.

Decke Wärme, Schutz, Sicherheit, Geborgenheit findet der Träumer unter einer Decke, und genau dies scheint ihm im Leben zu fehlen. Manchmal sind aber die Farben und Muster einer Decke für die Deutung ausschlaggebender als die Decke selbst.

Delfin Wie ein Delfin aus den Tiefen des Meeres auftaucht, um in Seenot Geratene zu retten, so kann das Unbewusste den Träumer leiten. Das Meer symbolisiert die Seele des Träumenden, die es zu ergründen gilt. *(siehe rechts)*

Demonstration Bei einer Demonstration wird etwas abgelehnt, eine Geisteshaltung, bestimmte Personen oder Verhaltensweisen. Der Sinn einer Demonstration ergibt sich

aus ihrem Thema, der Atmosphäre (ruhig, aggressiv, aufrührerisch) sowie den Empfindungen und dem Standpunkt des Träumenden (ablehnend, zustimmend, Teilnehmer, Zuschauer).

Dieb Taucht ein Dieb im Traum auf, hat der Träumende Angst vor einem Verlust – das kann ein Gegenstand, ein Mensch oder eine Idee sein. Als Teil der eigenen Persönlichkeit steht der Dieb für die Zeit und Energie, die der Träumende verschwendet.

Direktor Neben der direkten Bedeutung, dass jeder berufstätige Mensch einen Vorgesetzten hat, stehen alle Führungspersönlichkeiten im Traum für einen Teil der eigenen Persönlichkeit. Sie sind die Kontrollinstanz, die unser Seelenleben überwacht.

Distel Mit ihren unangenehmen, stacheligen Blättern verweisen Disteln auf eine Unannehmlichkeit im Leben des Träumenden. Muss er seinen Weg durch Disteln finden, muss er viele Schwierigkeiten überwinden. Kehrt er seine eigenen Stacheln heraus oder bemerkt er sie bei anderen, hat er vielleicht einen Hang zu Trotz und Rachsucht.

Donner Im Traum Donner zu hören deutet auf heftige Gefühle des Träumenden hin (Wut, Zorn), die sich entladen wollen oder müssen. Die Energie, die der Träumer aufgestaut hat, muss sich entladen. Diese Entladung kann reinigend und klärend wirken (wie ein Sommergewitter bei schwüler Hitze), aber auch zerstören, besonders wenn auch noch ein Blitz einschlägt.

Doppelgänger Taucht im Traum ein Doppelgänger auf, zeigt dies eine übermäßige Beschäftigung mit dem eigenen Ich an. Wirkt der Doppelgänger beunruhigend, weil er beginnt, ein Eigenleben zu führen, und sehr häufig in den Träumen auftaucht, kann sich eine psychische Störung abzeichnen.

Dornen Verletzungen und Schwierigkeiten können durch Dornen symbolisiert werden. Dornen überprüfen die Leidensfähigkeit, körperlich und geistig. Dornen können auch auf Probleme in einer Beziehung (Angst vor der Sexualität) hinweisen.

Drei Die Drei ist göttlich und heilig. Sie ist ein Zeichen für den Willen, die Idee, die Schöpfung, die Zukunft. Im Märchen müssen drei Aufgaben erfüllt werden, in allen Religionen gibt es göttliche Dreiheiten, und Symbole der Macht sind oft dreigeteilt (Neptuns Dreizack, Krone, Zepter und Reichsapfel/Schwert). Auch gegen üble Einflüsse hilft die Beschwörung der Drei: dreimal auf Holz klopfen.

Drogen Drogen bedeuten eine Bewusstseinveränderung. Doch es kommt darauf an, welches Drogenerlebnis im Traum vorherrscht. Wenn der Träumende sein Leben nur unter Drogen erlebt und erträgt, dann hat er die Kontrolle auch in Wirklichkeit verloren. Ist die Wirkung der Drogen unangenehm, deutet das auf die Angst des Träumers hin, dass ihm das Leben entgleitet. Werden dem Träumenden im Traum Drogen verabreicht, muss er scheinbar von außen gezwungen werden, eine Veränderung zu akzeptieren.

Duell Ein Zweikampf ist ein Bild für widerstreitende Gefühle, Gedanken und Handlungen beim Träumenden. Ein Duell kann auch einen sexuellen Aspekt haben.

Duft Düfte im Traum sind selten, deshalb ist besondere Aufmerksamkeit gefordert, wenn etwas durch einen Duft hervorgehoben wird. Die Bedeutung ergibt sich aus der Sache oder der Person, die im Traum gut oder schlecht riecht. Wie im Leben steht Duft für etwas Angenehmes, für Zustimmung und Sympathie, etwas Übelriechendes kann hingegen Ekel, Abwehr und Missfallen auslösen.

Dünger Düngerträume (Mist, Jauche) sind positive Bilder. Dünger fördert das Wachstum. So ist auch die Seele bereit für Wachstum und Wandlung.

Dunkelheit Im Dunklen ist der Träumende verwirrt, die Orientierung fällt schwer. Dies kann ein Bild dafür sein, dass der Träumer Neuland betreten muss, unbekanntes, schwieriges Gelände. Die Dunkelheit kann die dunkle, böse oder traurige Seite der menschlichen Seele verkörpern.

Durst Durst steht für ein emotionales Bedürfnis des Träumenden, das er vermisst und gerne im wirklichen Leben erfüllt bekäme. Gelingt es dem Träumer, selbst seinen Durst zu stillen, ist dies ein Zeichen dafür, dass er seine Wünsche kennt und auch weiß, wie er sie sich erfüllen kann. Bleibt der Träumer durstig, so fordert ihn dieser Traum auf, nachzuforschen, welche Person oder Umstände ihm die Erfüllung seiner Bedürfnisse vorenthalten.

Einbruch Bei einem Einbruch wird die Privatsphäre verletzt. Ein Verlust droht. Aber auch Wünsche und ungewohnte Vorstellungen können unseren inneren Frieden stören, wenn sie sich Bahn brechen. Sie bringen Unordnung in unser Leben und zerstören vielleicht etwas Wertvolles. Einbrechen in den Boden oder ins Eis bedeutet Gefahr. Hier droht der Träumer, den Boden unter den Füßen zu verlieren.

Einkaufen Beim Einkaufen wird Geld gegen Ware getauscht. Geht der Träumer einkaufen, hat er die Mittel, sich

LANCÔME

seine Wünsche und Bedürfnisse zu erfüllen. Er muss nur noch die Entscheidung treffen, welchen Wunsch er sich erfüllen möchte. Hier lässt das Geschäft oder die Ware eine weitere Deutung zu. *(siehe Seite 177)*

Eins Die Eins symbolisiert den Anfang und die Einheit. Sie kann aber auch für das Alleinsein stehen oder für den höchsten Rang.

Elf Die Zahl, die über die Zehn hinausgeht, steht für Chaos, Unordnung und Maßlosigkeit. Elf ist die Zahl des Narren.

Enge Wenn im Traum etwas eng wird, deutet das auf Einschränkungen, Begrenzungen und Hindernisse hin. Die Enge kann im Kopf des Träumenden stattfinden (Intoleranz, Kommunikationsschwierigkeiten, Antriebslosigkeit), sie kann aber auch auf ein schwieriges Umfeld deuten, das den Träumer erdrückt.

Erbe Im Traum ein Erbe anzutreten hat nichts mit materiellem Gewinn zu tun, sondern eher mit Eigenschaften und Verhaltensweisen, die eine seelische Bereicherung bringen, wenn der Träumende auch im Wachzustand zu einer Änderung seines Charakters bereit ist.

Erfrieren Eine feindliche Umwelt (Kälte, Eis) lässt uns erfrieren. Entweder leidet der Träumer unter seinen erkaltenden Gefühlen oder unterdrückt eine Eigenschaft. Manchmal zeigt ihm auch jemand die kalte Schulter, oder es gibt Probleme in einer privaten Beziehung.

Erkennen Sind die Traumbilder undeutlich und verschwommen, mangelt es dem Träumenden an Verständnis, und seine Ansichten dürften sich als falsch herausstellen. Werden die Bilder klar und deutlich, zeigt dies, dass der Träumer neue Erkenntnisse und Einsichten gewonnen hat.

Ertrinken Im Traum zu ertrinken bedeutet, dass das Leben des Träumenden außer Kontrolle gerät, er hat die Situation, die ihn belastet, nicht mehr im Griff und keine Lösung parat. Seine Gefühle überwältigen ihn, oder er hat Angst, dass sie ihn überwältigen, und er ist sich dessen

bewusst. Wird der Träumende gerettet, kann er diesen Konflikt mit größter Anstrengung meistern.

Eule Da Menschen in der Dunkelheit blind sind, Eulen dagegen sehr gut sehen können, symbolisieren diese Tiere Ahnungsvermögen, intuitive Erkenntnis und Weisheit. Trotzdem wirkt das Bild einer Eule oft beunruhigend, weil sie die Nachtseite verkörpert, die mit dem Verstand nicht zu erschließen ist. *(siehe links)*

Exkremente Die Abgabe von Exkrementen ist ein eher positives Bild (Jauche/Mist = Dünger = Wachstum). Der Träumende scheidet Dinge aus, die er nicht mehr benötigt, oder er ist ein freizügiger Charakter, der gerne abgibt. Verstopfung weist demzufolge auf Geiz, Kontrollsucht und Verlustängste hin.

Fabrik Als Ort der Arbeit symbolisiert die Fabrik die Arbeit unseres Unbewussten. Sie zeigt, wie belastbar unser Seelenleben und wie widerstandsfähig der Träumende gegen äußere Einflüsse ist.

Fähre In der griechischen Mythologie bringt die Fähre den Träumenden über den Styx, den Grenzfluss zwischen Leben und Tod. Das Bild der Fähre symbolisiert also tief greifende Veränderungen. Da eine Fähre viele Menschen transportieren kann, kann sich auch eine Gruppe, deren Mitglied der Träumer ist, im Umbruch befinden.

Fahrrad Das Fahrrad als Fortbewegungsmittel deutet auf den Wunsch hin, aus eigener Kraft im Leben voranzukommen. Gemeinsam mit dem Partner oder anderen Menschen Fahrrad zu fahren zeigt eine heitere, lockere und teilweise unbekümmerte Einstellung zum Leben.

Fassade Die Fassade als Teil unseres Ichs zeigt den äußeren Eindruck, den wir machen wollen. Für die Deutung wichtig ist der Vergleich zwischen Außen und Innen des Hauses.

Felsen Steht der Träumer auf einem Felsen, gründet sein Leben auf einem festen Fundament. Muss er einen Felsen erklimmen, strebt der Träumer nach Fortkommen, das er unter Schwierigkeiten in Angriff nimmt. Will er sich wie ein Fels fühlen, muss er Eigenschaften wie Zuverlässigkeit, Durchhaltevermögen und Standfestigkeit entwickeln und erproben. Felsen als Hindernisse zeigen geistige Barrieren an, bevor ein neuer Lebensabschnitt beginnt.

Fenster Die Fenster sind der kommunikative Teil unseres Ichs. Sie zeigen, wie offen oder verschlossen der Träumende seiner Umwelt begegnet.

Feuer Feuer und Flamme stellen Geist, Liebe und Leidenschaft positiv dar. Im negativen Sinne stehen sie für Zorn, Frustration und Verdruss. Das Feuer kann läutern, reinigen und wärmen, wenn es kontrolliert wird. Wird ein Feuer zum Brand oder zur Feuersbrunst, überwiegen die zerstörenden, unkontrollierbaren Aspekte des Feuers (Hörigkeit, Fanatismus).

Finger Die Finger ertasten und begreifen die Welt. Sie sind wie auch die Hand ein Zeichen für Handlungsfreiheit. Erscheinen die Finger übergroß und sehr lang, möchte der

Träumende wohl unbedingt etwas festhalten oder ergreifen. Schmutzige Finger deuten darauf hin, dass der Träumer Probleme haben wird, ein Projekt erfolgreich zu beenden. Einen Finger zu verlieren oder zu verbrennen zeigt ebenfalls, dass der Träumende eventuell eine falsche Entscheidung getroffen hat.

Fisch Der Fisch lebt in unergründlichen Wassertiefen (Wasser = Seele). Er ist ein Zeichen sowohl für die positive als auch für die negative Kraft der Seele. Das Traumbild Fisch kann für den Zugang des Träumenden zu Instinkt und Intuition stehen.

Flur Der Flur des Hauses führt in verschiedene Zimmer. Geht der Träumende durch einen Flur oder engen Gang, dann ist er sich vielleicht nicht sicher, welche Tür er nun öffnen soll, wohin er gehen soll, was das Leben ihm bringt. Er befindet sich in einer Phase des Übergangs.

Fluss Der Fluss ist der Strom des Unbewussten, und der Träumer ist sich seiner Seelenkräfte bewusst, sollte er im

Traum im Fluss schwimmen oder baden. Gleichzeitig ist ein Fluss auch als Lebensweg zu sehen, wenn der Träumer in befährt. Ist ein Bach, Fluss oder reißender Strom ein Hindernis für den Träumenden, ist auf die Ufergestaltung zu achten (flach, zugänglich, hoch, kanalisiert) und darauf, welchen Weg er findet, über dieses Hindernis zu gelangen.

Fünf Die Fünf steht für die Natürlichkeit des Menschen. Kopf, ausgestreckte Arme und Beine ergeben ein Fünfeck. Außerdem hat der Mensch fünf Sinne.

Fuß Fuß, Ferse und Bein beschreiben den Standpunkt des Träumenden und das Fortkommen im Leben: Fortschritt, Rückschritt, Gehen, Stehen oder Laufen und Springen sind Tätigkeiten von Bein und Fuß. Eine Verletzung dieses Körperteils (Bruch) oder sein Verlust (Amputation) zeigen eine Einschränkung in der Handlungsfähigkeit.

Garten Der Garten ist ein positives Bild. Ein gepflegter Garten deutet auf Wachstum und den Wunsch nach Kultivierung im Leben des Träumenden hin. Er ist ein Ort der

Entspannung und der Harmonie (Partner, Familie). Im umgekehrten Fall deutet ein verwilderter Garten auf starke seelische Spannungen und emotionale Vernachlässigung hin.

Geburt Bei einer Traumgeburt handelt es sich in den wenigsten Fällen um die tatsächliche Geburt eines Kindes, sondern eher um die Geburt eines neuen Projektes, neuer Ideen oder grundlegender Veränderungen, die anstehen. Eine Geburt im Traum ist immer eine kreative Schöpfung. *(siehe rechts)*

Gefängnis Eingesperrt zu sein, im Käfig oder Gefängnis gefangen zu sein, bedeutet meist, dass sich der Träumende selbst im Weg steht. Sein Verhalten hat ihn in die Enge getrieben. Meist sind übertriebenes Pflicht-, Schuldbewusstsein oder Minderwertigkeitsgefühle der Auslöser.

Gelb Die Farbe der Sonne steht für emotionale Wärme, Verstandes- und Urteilskraft sowie Weisheit und Reife, aber auch für Eifersucht, Neid und Missgunst.

Geld Das Symbol des Geldes steht für seelische Energie und Kraft. Wer Geld hat, hat die Fähigkeiten und Möglichkeiten, sich seine Wünsche auch im realen Leben zu erfüllen. Geld zu bezahlen bedeutet, dass sich der Träumer seines Wertes bewusst ist. Er ist bereit, den Preis für die Erfüllung seiner Bedürfnisse zu zahlen.
Gemüse Gemüse hat wie Obst durch seine Form sexuelle Bedeutung, weil es an bestimmte Körperregionen erinnert. Wer von Gemüse träumt, erhofft sich sexuellen Genuss. Auch wenn der Träumende Gemüse anbaut, will er ein erfülltes Sexualleben führen. Von Gemüse zu träumen, das beim Träumenden körperliches Unwohlsein (Blähungen, Kopfschmerzen, Allergien) auslöst, kann auf seelische oder körperliche Verstimmung hinweisen.
Gepäck Gepäckstücke im Traum sind die Dinge, die der Träumer für seinen Lebensweg braucht, z. B. wenn er einen Koffer packt. Oder er hat Probleme, die er noch lösen muss. Dann empfindet der Träumende sein Gepäck als Last. Ver-

liert er ein Gepäckstück, heißt dies nicht, dass er jetzt dieses Problem gelöst hat, sondern eher, dass er diesem Aspekt besondere Aufmerksamkeit schenken muss.

Gericht Als Zeuge vor Gericht zu stehen bedeutet, dass der Träumer mehr auf sein Umfeld achten muss. Er muss besser beobachten. Zeuge zu sein kann aber auch mit dem Gefühl verbunden sein, sich rechtfertigen zu müssen. Der Träumer ist unsicher, ob sein Verhalten korrekt ist und von seinen Mitmenschen akzeptiert wird. Angeklagt zu sein verstärkt dieses Empfinden.

Geschenk Ein Geschenk zu erhalten bedeutet für den Träumenden, dass er geliebt und geachtet wird. Das Geschenk selbst zeigt, dass er Begabungen besitzt, die er nun auspacken und einsetzen kann. Macht der Träumer ein Geschenk, ist er sich dessen bewusst, dass seine Fähigkeiten für einen anderen Menschen hilfreich sein können.

Geschirr Geschirr ist etwas Zerbrechliches und symbolisiert die Beziehungen zu Mitmenschen, besonders in der

Familie. Porzellan steht für Luxus, Bequemlichkeit und Geborgenheit. Glas kann auf Überempfindlichkeit, aber auch auf einen Prozess der Erkenntnis hindeuten.
(siehe rechts)

Geschwister Das Bild von Geschwistern stellt immer einen Teil der Persönlichkeit des Träumers dar. Beim Mann ist der Bruder, bei der Frau die Schwester die Schattenseite des eigenen Ichs. Er/sie offenbart die negativen Charaktereigenschaften. Die Schwester des Mannes oder der Bruder der Frau symbolisiert dagegen die weibliche oder männliche Seite des Ichs, die auch ausgelebt werden will. Streit unter Geschwistern kommt aufgrund gegensätzlicher Meinungen häufiger vor, aber Liebe und Grundvertrauen in die familiäre Bindung lassen Differenzen überwinden.

Gesicht Jemandem ins Traumgesicht zu blicken zeigt, dass man sich von dieser Person Verständnis und Erkenntnis wünscht. Es kann sich hier um eine fremde Person oder auch das eigene Ich handeln. Sein Gesicht zu verhüllen

oder zu verstecken kann bedeuten, dass man sich selbst nicht viel zutraut. Das Gesicht zu waschen zeigt einen inneren Reinigungsvorgang, und wer sich schminkt, verbirgt sein wahres Gesicht und spielt eine Rolle.

Gold Gold steht für Ganzheit und Vollkommenheit, Gold ist die höchste Kostbarkeit. Erhält der Träumende Gold, gewinnt er höchste Erkenntnis und eine Bewusstseinserweiterung. Gold kann auch für spirituelle Unsterblichkeit stehen, weil es Jahrtausende überdauern kann.

Grab Etwas ins Grab zu legen, an einer Beerdigung teilzunehmen bedeutet das Ende eines Zustandes, einer Lebensphase. Das Bewusstsein des Träumenden an sich hat sich geändert: Er kann Ideale und Hoffnungen begraben.

Grenze Eine Grenze stellt eine Beschränkung des Lebens dar. Will der Träumende eine Grenze überschreiten, einen Teil seines Lebens ändern, ist für die Deutung wichtig, ob alle Vorbereitungen (Pass, Zoll, Gepäck) dafür getroffen sind, die Grenze erfolgreich hinter sich zu lassen.

Grün Grün ist die vorherrschende Farbe in der Natur. Sie ist die Farbe des Wachstums und steht für das innere Gleichgewicht und Harmonie.

Haare Die Kopfhaare symbolisieren die körperliche und geistige Vitalität. Sie können einerseits für die Triebkräfte und sexuelle Potenz stehen, aber auch für eine geistige und seelische Ordnungskraft. Lange Haare bei Männern gelten als Freiheitsdrang, bei Frauen als Zeichen ihrer Weiblichkeit. Die Qualität der Haare (dünn, wirr, lang, kurz, gepflegt) lässt Rückschlüsse auf die genauere Deutung zu.

Hafen Der Hafen ist ein Ort von Zuflucht, Geborgenheit und Selbstvertrauen. Positiv ist das Bild des Hafens, wenn dieser Ort nur vorübergehend aufgesucht wird und das Lebensschiff danach neue Orte anfährt. Geht der Träumende endgültig im Hafen vor Anker, lässt dies eher auf Hemmungen, Minderwertigkeitsgefühle und Ängste schließen.

Hand Die Hände sind die ausdrucksstärksten und kreativsten Körperteile. Die Symbolik der Hände (geballt, gefaltet, die Augen verdeckend, erhoben, Hand in Hand) im Traum ist mit der Wirklichkeit gleichzusetzen.

Haus Das Haus (Hütte, Gebäude, Villa, Schloss, Hotel) ist ein Symbol für die Art und Weise, wie der Träumende sein Leben gestaltet, und ein Abbild seiner inneren Befindlichkeit. Der Traum kann in den einzelnen Bereichen des Hauses spielen (Flur, Wohn-, Schlafzimmer, Keller, Küche, Dachboden), und Atmosphäre und Gestaltung der Räume sagen etwas über den inneren Zustand aus. Gleichsam ist das Haus eine Kopie des Körpers: Dach = Kopf; Etagen = Oberkörper; Parterre, Eingang = Unterleib; Keller, Fundament = Beine, Füße.

Haut Die Haut ist die Schutzhülle und Fassade des Ichs. Der Zustand (weich, gepflegt, rissig, trocken, alt, runzelig) sagt etwas über den Seelenzustand des Träumenden aus. Im Traumzusammenhang kann weiche und gepflegte Haut auf Ausgeglichenheit des Träumers, aber auch auf Eitelkeit und Oberflächlichkeit deuten.

Herd Der heimische Herd ist ein Symbol für die Familie und die familiären Bindungen. Er ist ein Zeichen für Wärme, Sicherheit, Geborgenheit und die weibliche Sexualität bzw. Mütterlichkeit, wenn er voll funktionstüchtig ist. Bleibt er kalt, wird auf ihm keine Nahrung zubereitet. Dies steht für seelische Probleme bis hin zu einem eindeutigen Gefahrensignal hinsichtlich des Erhalts der Familie oder Partnerbeziehung.

Hexe Die Hexe ist das negative Muttersymbol. Sie stellt die zerstörerischen und bedrohlichen Kräfte des Weiblichen dar.

Himmel Der Himmel öffnet den Blick in die Unendlichkeit, neue Welten. Er repräsentiert den Wunsch des Träumers nach Weite der Gedanken, Kreativität und auch Ordnung. Von fremden Planeten zu träumen zeigt, dass sehr subtile Kräfte auf den Träumenden einwirken. Auch die verschiedenen Himmelsrichtungen, in die der Träumer reist oder sich bewegt, lassen sich deuten (Norden = Verstand, aber auch Gefühlskälte; Süden = Gefühl, Herzenswärme; Westen = Nacht, Gefahr; Osten = Licht).

Höhle Die Höhle ist eine Zuflucht, die Geborgenheit und Sicherheit schenkt - sie ist das Bild des Mütterlichen, des Weiblichen -, aber sie ist auch ein Ort der Isolation und der Einsamkeit. Steigt der Träumende in eine Höhle hinab oder muss er sie durchqueren, bevor er wieder ans Licht kommt, zeigt es den Bereich des Unbewussten an, das sich dem Träumer nun erschließt. Die Höhle ist so ein Zeichen für eine existenzielle Veränderung, für eine Wiedergeburt.

Hund Das Bild eines Hundes kann mit glücklichen Kindheits- oder Lebenserinnerungen verbunden sein. Dann steht er vielleicht für Wachsamkeit, Freundschaft, Liebe und Loyalität. Hat der Hund im Traum bestimmte Eigenschaften (Aufspüren, Schnelligkeit), dann kann dies ein Hinweis auf das Wie einer Problemlösung sein. Fühlt sich der Träumende von einem bestimmten Hund oder einer Meute bedroht, zeigt dieses Bild die Ängste des Träumers an.

Hunger Im Traum Hunger zu haben ist ein Hilferuf der Seele nach Befriedigung emotionaler Bedürfnisse.

Hut Der Hut als Kopfbedeckung zeigt Verstandeskräfte, Ideen und Weisheit an. Je nach Art des Hutes steht er auch in Verbindung mit der Tätigkeit, die durch ihn dargestellt wird (Barett des Richters = Suche nach Gerechtigkeit; Polizeimütze = Ordnung, Kontrolle; Kochmütze = Befriedigung von Hunger; Zylinder = Fest der großen Gefühle). *(siehe Seite 197)*

Igel Der Igel rollt sich ein und zeigt seine Stacheln, wenn Gefahr droht. Jemand, der von einem Igel träumt, neigt wohl auch zu diesem Verhalten: Er ist bereit, einen anderen Menschen zu verletzen, um sich selbst zu schützen. Das Bild eines eingerollten Igels sagt auch: „Jetzt will ich meine Ruhe haben."

Immergrün Immergrüne Pflanzen sind ein Zeichen für Treue und Beständigkeit. Insbesondere bezieht sich dieses Bild auf die mitmenschlichen Beziehungen und die Partnerschaft. Immergrüne deuten auch auf den Wunsch nach Jugendlichkeit, fortwährender Vitalität und Kraft.

Impotenz Enttäuschungen in der Partnerschaft können sich im Bild der Impotenz zeigen, auch sexuelle Probleme, die in der Wirklichkeit verdrängt werden. Die Impotenz weist auf ein geringes Selbstwertgefühl und Verlustängste hin – nicht unbedingt nur sexueller Natur.

Indianer Mit einem Indianer wird Natürlichkeit, Lebensweisheit und Magie verbunden. Ein Indianer kann als weiser Helfer im Traum den Weg zeigen, den der Träumende einschlagen muss, um seine Probleme zu lösen. Als Teil der Persönlichkeit des Träumers steht ein Indianer für das instinktive Wissen und die Selbsterkenntnis.

Insekten Insekten, besonders wenn sie über uns krabbeln, uns vor dem Gesicht herum- oder am Ohr vorbeischwirren und gar stechen oder beißen, fordern unsere Nervenstärke heraus. Zu viele Eindrücke und Anforderungen belasten den Träumenden. Insektenträume sind ein Warnsignal: Die

Nerven könnten der Belastung nicht mehr standhalten.
(siehe links)

Insel Sie steht für Flucht vor dem Alltag und ist ein Zeichen der Isolation. Bei der Bedeutung kommt es auf den Traumzusammenhang an. Rettet sich der Träumende aus einem Schiffbruch auf die Insel, flieht er auf eine Insel, oder fühlt er sich wie eine kleine Insel mitten im Meer?

Inzest Bei einem Inzesttraum geht es nicht um den realen Wunsch nach körperlicher Vereinigung, sondern eher um den Erhalt oder die Festigung einer emotionalen Bindung. Der Träumende vermisst ein Gefühl in Bezug auf diese Person: Das kann Herzlichkeit, Zärtlichkeit, Liebe, Zuwendung, Interesse, räumliche Nähe oder Beachtung sein.

Irrenhaus Ist der Träumende in ein Irrenhaus eingeliefert worden und kommt nicht mehr heraus, scheint er im Leben in einer ausweglosen Situation gefangen zu sein. Der Traum kann durch den eigenen unsteten Lebenswandel ausgelöst sein oder durch Konflikte mit anderen Personen.

Jagd Jagen bedeutet Geschicklichkeit, Selbstbewusstsein und Männlichkeit. Jagen ist ein archaisches Symbol. Es steht für Leben und Tod, aber auch für das Böse, Destruktive im Menschen. Eine genauere Deutung lässt das Tier zu, welches gejagt wird. Sieht sich der Träumer als Opfer der Jagd, hat das Symbol sexuelle Bedeutung.

Jahreszeit Die Jahreszeiten im Traum können für die verschiedenen Lebensalter stehen (Frühling = Kindheit; Sommer = frühes Erwachsenenalter; Herbst = mittlere Jahre; Winter = Alter), aber sie assoziieren auch weitere Qualitäten: Der Frühling steht für Wachstum, Wandel und Neubeginn, der Sommer für eine gute Lebenszeit, Entspannung und Spaß, der Herbst für ein nahes Ende, die Fähigkeit, Bilanz zu ziehen und loszulassen, und der Winter für eine fruchtlose Lebensphase sowie den Tod.

Jubiläum Das Jubiläum beschließt eine Lebensphase, die mit der Feier gewürdigt wird. Es beginnt für den Träumenden also etwas Neues. Veränderungen sind zu erwarten.

Jucken Eine seelische Notlage (Eifersucht, Prüfungsangst, sich nicht entscheiden können) kann sich als Juckreiz im Traumbild zeigen.

Jugend Wird von der eigenen Jugend geträumt, sieht sich der Träumende als Kind, bedeutet dies einerseits, Bilanz zu ziehen – diese Träume treten meist in der zweiten Lebenshälfte auf –, andererseits weist das Traumbild auf den Ursprung bestimmter Ängste und Verhaltensweisen zurück, die wahrscheinlich in diesem Alter entstanden sind und mit einer gegenwärtigen Situation verknüpft sind.

Katze (mögliche Assoziationen: Samtpfötchen; „die Krallen ausfahren“) Die Katze steht für manche Eigenschaften der Frau: sexuelles Selbstbewusstsein und Selbstbestimmung, Individualität, Egozentrik und Unabhängigkeit.

Keller Der Keller bezieht sich auf den Bereich des Unbewussten. Erinnerungen und Erfahrungen, die der Träumer verdrängt hat, werden hier verborgen. In den Keller hinabsteigen, dort im Dunklen, Unheimlichen suchen, einen

Einbrecher im Keller befürchten, ein einsturzgefährdeter Keller usw. sind Bilder für die Angst vor dem Unterbewusstsein und den dort befindlichen Konflikten.

Kind Das Kind ist ein Bild für das Kindliche des Ichs. Es zeigt Entwicklungs- und Wachstumspotenzial an. Eine Wandlung oder Veränderung steht bevor. Das Kind kann aber auch eine Notsituation ausdrücken. Der Träumer ist klein, kommt bei einer Problemlösung allein nicht weiter, er braucht Hilfe. Macht sich der Träumer im Bild des Kindes kleiner, als er wirklich ist, deutet dies auf Minderwertigkeitsgefühle hin, oder er fühlt sich nicht anerkannt.

Kirche Die Kirche *(siehe rechts)* ist ein Bild für den Wunsch des Träumenden, an den Werten, Moralvorstellungen oder an einem Verhaltenskodex einer Gemeinschaft teilzunehmen. Die Kirche stärkt den Sinn für Schönes und Verehrungswürdiges und weist den Träumer darauf hin, nach dem Sinn seines Lebens zu fragen. Brennende Fragen verlangen eventuell eine irrationale Beantwortung.

Kleben Wer im Traum an etwas kleben bleibt, hängt an Althergebrachtem, an Konventionen und Traditionen oder aber an Menschen, einer Stellung oder Einstellung, die ihn nicht weiterbringt oder gar behindert.

Kleidung Kleidung ist Schutz, Verhüllung oder Enthüllung, Selbstdarstellung und Rollenspiel. Je nachdem, was der Träumende trägt oder nicht trägt, zeigt, in welchen Bereichen er Ängste hat, ob er Situationen richtig einschätzt, welches Körpergefühl er hat und wie er sich von anderen Menschen eingeschätzt fühlt.

Knäuel Wer verwirrte Wolle, Garn oder Zwirnfäden entwirren und aufwickeln muss, wird im realen Leben nur mit Mühe und Zeitaufwand seine Probleme lösen. „Den Faden verlieren" kann aber auch bedeuten, dass der Träumende in seinen Gedanken und Ideen sprunghaft ist und bei keiner Sache bis zum Ende bleibt. *(siehe links)*

Knopf Knöpfe halten etwas zusammen. Wer also von Knöpfen träumt, die er verlieren könnte, möchte eine Verbindung aufrechterhalten. Knöpfe angenäht bekommen heißt, Hilfe von außen erhalten.

Kopf Der Kopf ist Sitz des Verstandes, er regelt alle Körperfunktionen, er steht für Disziplin und Ordnung. Verletzungen des Kopfes oder gar eine Enthauptung deuten auf die Angst des Träumenden, seine Verstandeskräfte nicht richtig einsetzen zu können, den Kopf zu verlieren, weil ihn Gefühle oder Leidenschaft überwältigen.

Krankenhaus Sucht der Träumende ein Krankenhaus auf oder besucht er dort einen Kranken, der als Teil seiner eigenen Persönlichkeit zu deuten ist, weisen Krankheit, Abteilung oder Arzt auf die Art des seelischen Konflikts hin (Herz = Gefühle; Augen = richtige Einschätzung der Umwelt; Magen = etwas scheint schwer verdaulich; Beinbruch = Standfestigkeit). Auch die Einstellung des Träumenden zum Krankenhaus ist bezeichnend: Ist es ein Ort der Heilung und Wandlung zum Besseren, oder bedeutet es Angst, Unausweichlichkeit und Bedrohung?

Kreis Als abgeschlossenes Rund ist der Kreis (oder auch die Kugel) ein Symbol der Ganzheit und der seelischen Energie. Der Kreis ist ein Schutzraum, der Böses abwehrt.
Kreuzung Eine Kreuzung lässt den Träumenden erst mal ratlos und zögernd erscheinen, weil er sich nun entscheiden muss. Die Kreuzung steht für die Wahl zwischen zwei Lebensmodellen, zwischen Varianten.
Küche Die Küche ist der Ort des Hauses an dem die Nahrung zubereitet wird, an dem sich Familie und Freunde treffen, die warm und behaglich ist. Sie steht für geistige Nahrung), Kommunikation, Kreativität und Wohlbefinden.
Labyrinth Ein Labyrinth oder Irrgarten ist ein Beispiel für das Ich des Träumenden. Sackgassen, Kehrtwendungen und neue Versuche sind wie das Erforschen der eigenen Persönlichkeit. Im Irrgarten kann der Träumende seinen Mut und seine Fähigkeit, Probleme zu lösen, erproben.
Laden Einen Laden zu betreten hat die Bedeutung, dass der Träumer weiß, was er (kaufen) will, er hat ein Ziel.

Steht der Träumende dagegen in einem Geschäft und weiß nicht, was er dort soll, scheint es ihm an Entschlusskraft zu mangeln. Ist der Laden leer, er wird nicht bedient oder es fehlt der Verkäufer, scheint im Leben etwas schief zu laufen, die Umstände stimmen nicht.

Landschaft Die Traumlandschaften stellen ein gefestigtes Element im Leben des Träumenden dar. Sie geben nicht so sehr die momentane Stimmung als vielmehr ein Grundgefühl (Einsamkeit, Isolation, Depression, Optimismus) wieder. Die Landschaftsbilder können sich daher in vielen Träumen gleichen bzw. das Gleiche ausdrücken. Um ihre Botschaft zu verdeutlichen, bedienen sich Traumlandschaften oft bizarrer Bilder, oder sie verändern sich im Verlauf des Traums.

Lastwagen Das Symbol des Lastwagens gleicht dem Auto, nur hier muss der Träumende zusätzlich noch Lasten transportieren. Die Art der Ladung (Last) deutet auf die Konflikte hin, die den Träumer belasten.

Lehrer Der Lehrer als Autoritätsperson (weiser Mann, Vater, Chef) kann den Träumenden führen, er kann einen Weg oder eine Problemlösung aufzeigen. Der Lehrer fordert auf, seiner Meinung und Ansicht zu folgen. So kann das Unbewusste den Träumenden belehren wollen und vor einer Gefahr warnen. Gleichzeitig kann der Lehrer den Träumende anhand seiner Autorität unter Druck setzen.

Leiche Es kann sein, dass der Träumende etwas längst Erledigtes, erkaltete Gefühle oder innerlich beendete Beziehungen noch immer mit sich herumträgt. Diese können im Bild der Leiche auftauchen. Der Träumende sollte sich dieser Sache endgültig entledigen.

Leiter Eine Leiter ist ein Medium, um hochzusteigen. Bei einem Aufstieg per Leiter zeigt die Art und Weise, wie sicher er sich seiner Fähigkeiten ist. Eine Leiter kann fest stehen: Der Kletterer hat Vertrauen in die Stabilität. Sie kann aber auch wackelig sein, ihre Sprossen können brechen, oder sie muss sogar von jemandem gehalten werden.

Licht Licht erhellt, bringt Klarheit, setzt etwas in Szene. Das Licht ist Symbol für Bewusstsein, Verstand, Erkenntnis, Lebenskraft, Hoffnung und Lebensfreude. Erscheint Licht im Traum (Lampe, Kerze, Fackel, Laterne, Flamme), beseitigt es Zweifel und Unwissenheit. Scheint das Licht aber zu grell und blendet den Träumer, wird er blind. Befürchtet der Träumende, dass das Licht ausgehe, kann es Angst vor Alter und Tod bedeuten.

Löwe Der Löwe versinnbildlicht Macht- und Herrschaftsanspruch, Kraft und Leidenschaft. Er scheint beherrscht, kann aber auch plötzlich losschlagen. So ist der Träumer im Wachleben vielleicht manchmal unbeherrscht und muss seine Triebe besser kontrollieren. Ein Löwe schreitet auch, seiner inneren Stärke bewusst, aufrecht, stolz durchs Leben. Alle anderen ordnen sich unter, weil sie seine Stärke anerkennen. Wunsch oder Realität beim Träumer? Wird der Träumende von einem Löwen angegriffen, fühlt er sich von einer sehr selbstbewussten Persönlichkeit bedroht.

Lügen Werden dem Träumenden Lügen im Traum erzählt, lässt das zwei Deutungen zu. Die lügende Person ist ein Teil des Ichs, also betrügt sich der Träumende selbst. Er will der Wahrheit nicht ins Auge schauen. Ein Problem ist einfacher als Lüge zu ertragen. Werden Lügen wirklich von anderen erzählt, dann ist der Träumer aufgefordert, einmal genauer hinzusehen. Hier will jemand etwas vor ihm verbergen, der Lügner gaukelt ihm etwas vor.

Magie Kann der Träumende Magie anwenden, ist er sich seiner besonderen Fähigkeiten wohl bewusst und kann sie wahrscheinlich konkret im Wachleben einsetzen. Er hat die Dinge unter Kontrolle und kann sie zu seinen Gunsten beeinflussen.

Mantel Ein Mantel (Schal, Umhang) steht für Liebe und Wärme, aber auch für emotionalen oder körperlichen Schutz. Ist der Mantel zu kurz, zu klein, nicht warm genug, deutet das auf die Angst des Träumenden, dass Bedürfnisse nicht befriedigt werden. Hat der Mantel eine bestimmte

Funktion oder ist er aus einem bestimmten Material, weist das auf eine genauere Deutung.

Mauer Die Mauer setzt sich der Träumende selbst zu seinem Schutz, oder sie ist ein Hindernis auf seinem Lebensweg. Mauern trennen Innen und Außen des Menschen und sollten von Zeit zu Zeit überprüft werden, ob sie noch notwendig sind. Was nämlich als Schutz gedacht war, kann zum Gefängnis werden. Ein Loch in einer Mauer ist nicht nur ein Gang heraus, sondern kann auch eine Verletzung der Intimsphäre bedeuten, einen Vertrauensbruch. Mauern (Berge, Felsen), die den Träumenden erdrücken, weil sie immer enger zusammenrücken, zeigen seine Ängste, Zweifel und Schwierigkeiten. Er spricht seine Probleme nicht an, sondern verbirgt sie hinter Mauern.

Meer Das Meer, die *Ursuppe*, ist der Ursprung allen Lebens und stellt im Traum das kollektive Unbewusste dar. Eine Fahrt über das Meer stellt für den Träumenden eine Wandlung der eigenen Persönlichkeit oder seiner Lebens-

umstände (Ende oder Neubeginn) dar. Meist greift eins ins andere. Das Meer mit seinen Untiefen, hohen Wellen, mit seiner Weite und Unberechenbarkeit fordert im Traum das ganze Ich mit all seinen Fähigkeiten heraus, damit es auf seiner Reise nicht scheitert. *(siehe Seite 215)*

Mitte Im Traum die Mitte zu suchen und zu finden ist ein positives Symbol für den Entwicklungszustand des Träumenden. Die Mitte kann sich als Brunnen im Garten oder als Baum darstellen, es kann die Mitte eines Platzes oder zentralen Gebäudes sein, von dem aus der Träumer rundum den Überblick hat. Der Weg zur Mitte ist meist mit Hindernissen oder Gefahren verstellt. Der Träumer findet aber oft selbst den Weg, oder hilfreiche Gestalten unterstützen ihn. *(siehe links)*

Möbel Wie das Haus ein Symbol für das Ich und seinen Zustand ist, zeigen Möbelstücke die Eigenschaften und Empfindungen des Träumers, die er in Bezug auf sich und sein Familienleben entwickelt hat, oder die Wünsche, die er in diesem Zusammenhang verwirklichen möchte: Bücher = Wissensdrang; Schreibtisch = Karriere; Sessel = Entspannung; Küchengegenstände = seelische Bedürfnisse; Bett/Matratze = Intimität, Partnerschaft; Kleiderschrank = Rollenspiel, Geheimnisse; Teppich = Einstellung zu Geld; Tisch = soziales Handeln.

Mund Der Mund ist aufnahmebereit für Nahrung (auch emotional, geistig), kann aber auch jemand anderen verschlingen. Er ist der Körperteil, über den das Ich des Träumenden genährt wird. Der Mund dient auch der Kommunikation. Durch Sprache werden ebenso Gedanken und Gefühle vermittelt wie durch den viel intimeren Kuss. Küssen bedeutet neben der erotischen Komponente auch die Darstellung einer emotionalen Bindung (Freundschaft) oder den Wunsch des Ichs, eine der Eigenschaften der Person zu gewinnen, die er gerade küsst.

Mutter Eine Mutter im Traum kann für Liebe, Wärme, Güte, Geborgenheit, Ernährung, aber auch für Zerstörung,

Bedrohung, Verführung und Verbote stehen. Das Mutterbild verändert sich zwar, ist aber wesentlich durch die eigene Kindheit geprägt. Wichtig für die Deutung ist also, wie der Träumer aktuell zu seiner Mutter steht. Männer, die von ihrer Mutter träumen, haben oft nicht genug Distanz zu ihr gefunden. Von einer mütterlichen Frau zu träumen kann die Suche nach dem Idealbild der Frau sein. Träumen Frauen von ihrer Mutter, kann es ihnen ihre eigene weibliche Seite verdeutlichen. *(siehe Seite 223)*

Nacht Die Nacht braucht der Körper zur Regeneration, zur Ruhe und Entspannung. Gleichzeitig arbeitet unser Seelenleben das Tagesgeschehen, Konflikte und anstehende Herausforderungen auf. So kann sie auch die Zeit des Chaos und der Schwierigkeiten sein. Sie ist ein Symbol für das Unbewusste. Der passive Zustand des Menschen in der Nacht kann auch die Ruhe vor dem Sturm symbolisieren, die Zeit des Nichtstuns vor der Tagesaktivität. Die Nacht kann auch das Symbol des Todes sein.

Nacktheit Der Zustand der Nacktheit kann eine Naturverbundenheit, einen Zustand ohne Hemmungen sowie Unabhängigkeit bedeuten. Der Träumende möchte sich so zeigen, wie er wirklich ist. Nacktheit bedeutet hier Ehrlichkeit und Wahrhaftigkeit. In den meisten Träumen jedoch, in denen der Träumende nackt ist, gibt er sich eine Blöße. Er allein ist nackt, leicht oder unangemessen bekleidet, und das ist ihm sehr peinlich. Hier hat der Träumer Angst, sich lächerlich zu machen. Er ist unsicher über seine Rolle oder hat Minderwertigkeitsgefühle.

Nadel Seelische oder körperliche Verletzungen können wie Nadelstiche schmerzen. Der Träumende reagiert (über-)empfindlich auf die „Sticheleien" seiner Mitmenschen. Wird mit einer Nadel genäht, so verlangt das Wachleben die Durchführung einer Arbeit mit Fleiß und Genauigkeit.

Nahrungsmittel Alles, was mit Essen, Trinken oder Zubereitung desselben zu tun hat, lässt auf unbefriedigte

Bedürfnisse (geistig, emotional, materiell) des Träumenden schließen. Scheinbar ignoriert er im Leben permanent selbst deren Befriedigung, oder sie wird ihm von anderen vorenthalten. Brot = alle Grundbedürfnisse; Fleisch = Sexualität; Obst, Gemüse = materielle Bedürfnisse, Erfolg; Milch = Kindliches; Süßigkeiten = sinnlicher Genuss.

Nase So wie umgangssprachlich der „gute Riecher" beschrieben wird, bedeutet auch das Traumbild von einer Nase das richtige Gespür und die Intuition bei Entscheidungen. Wenn aber der Träumende seine Nase in Dinge steckt, die ihn nichts angehen, so zeigt das Schwierigkeiten im Umgang mit seinen Mitmenschen an. Ihm mangelt es vielleicht an Zurückhaltung und Feingefühl.

Nebel Wenn der Träumende in einen Nebel (emotionale Verwirrung, Chaos der Gefühle, Ziellosigkeit) kommt, sollte er im Wachzustand erst einmal abwarten, bis sich der Nebel gehoben hat und wieder klare Sichtverhältnisse herrschen. Erst dann kann er eine Entscheidung treffen. Vielleicht wird ihm auch der Blick durch andere Menschen vernebelt: Er legt zu viel Wert auf die Meinung anderer. Der Nebel kann auch den Übergang zwischen zwei Lebensabschnitten oder Bewusstseinstufen versinnbildlichen.

Neun Alle ungeraden Zahlen haben einen männlichen Aspekt. Die Neun (3 x 3) potenziert die Vollkommenheit, die Wahrheitsliebe und die seelisch-geistige Aktivität.

Null Die Zahl des Nichtseins drückt Wert- und Belanglosigkeit aus. Sie kann aber auch für die Leere stehen, die gefüllt werden muss.

Oase Die Oase ist ein Rückzugsort, wo dem Träumenden seine wichtigsten Grundbedürfnisse erfüllt werden. Sie ist der Ort, an dem er nach einem Marsch durch die (emotionale, materielle) Wüste wieder zu Kräften kommen kann.

Oben Steht der Träumer oben, war er erfolgreich bei der Umsetzung seiner Bestrebungen nach Macht und Erfolg. Die Position „oben" zeigt aber auch, dass der Träumende fähig ist, sich vom Alltag nicht unten halten zu lassen.

Obst Reifes, saftiges, appetitlich aussehendes Obst deutet auf Lebensfreude, Selbstbewusstsein und sexuellen Genuss (Fruchtbarkeit) hin. Faules oder ungenießbares Obst verweist auf Unsicherheit, Entbehrungen und sexuelle Enttäuschung. Obst anzubauen zeigt, dass der Träumende bereit ist, für sich selbst zu sorgen. Fällt die Ernte reich aus, ist das Projekt des Träumers mit Erfolg gesegnet.

Ofen Ein Ofen spendet Wärme und steht für Gefühlswärme. Ein kalter Ofen zeigt Lieblosigkeit und emotionale Kälte. Der Hohlraum des Ofens wird auch mit Mütterlichkeit, Schwangerschaft und Geburt in Verbindung gebracht.

Ohr Eine bestimmte Angelegenheit oder eine Person verlangen Aufmerksamkeit. Der Träumer wird dann am Ohr gezogen. Sich die Ohren reinigen bedeutet, dass der Träumende wohl einmal genauer hinhören muss. Vielleicht hängt er an seinen Vorurteilen.

Öl Für die Deutung ist wichtig, um welches Öl es sich handelt (Speise-, Maschinen-, Pflegeöl) und in welcher

Situation es verwendet wird. Öl kann den Wunsch nach Entspannung, nach Frieden und Harmonie mit sich selbst oder seinem Umfeld ausdrücken. Es kann dazu benutzt werden, Dingen die Reibung zu nehmen oder sie in Bewegung zu halten. Der Träumende kann Öl benutzen, um Dinge und Personen zu manipulieren. Setzt er wohl das richtige Mittel ein, wenn er jemand „schmieren" will?

Oper Die Oper ist nicht nur ein Schauspiel, sondern auch ein Singstück. Auf der Bühne des Lebens muss nicht nur die richtige Rolle gespielt, sondern auch noch der richtige Ton getroffen werden. Eitelkeit, übertriebene Selbstdarstellung, zu viel Pathos oder der Wunsch, glanzvoll zu strahlen, können die Makel des Träumenden sein, wenn er in einer Oper auftritt. Ist er Zuschauer einer Oper, eines Dramas, dann sollte er wirklich die anderen agieren lassen.

Operation Eine Operation ist ein angstbehaftetes Ereignis, das aber letztlich der Heilung dient. Der Träumer weiß, dass er eine Veränderung vornehmen muss, die schmerzhaft sein kann, aber am Ende gut für ihn ist. In welchem Bereich der Träumer eine Änderung vornehmen muss, sagt die Art der Operation (Herz, Beine, Magen, Hand).

Opfer Wer sich im Leben wiederholt als Opfer fühlt, wird auch häufig im Traum Opfer von Gewalttaten, Erniedrigungen, Einbruch oder Diebstahl. Der Traum kann darauf aufmerksam machen, welches Potenzial der Träumer in sich entwickeln müsste, um nicht mehr als Verlierer dazustehen. Ein schlechtes Gewissen, einen anderen nicht korrekt behandelt zu haben, kann diesen Menschen im Traum als Opfer erscheinen lassen. Vielleicht wird der Träumende aber auch aufgefordert, eine schlechte Angewohnheit abzulegen. Er muss ein Opfer bringen. Der Traumgegenstand, der geopfert wird, lässt Rückschlüsse zu.

Orden (Auszeichnung) Ein Orden ist eine Belohnung für eine erbrachte Leistung. Der Träumende ist sich seiner Fähigkeit und Leistungsstärke bewusst, er bekommt einen Orden. Dieser ist eine immerwährende Erinnerung an den

Erfolg. Verleiht der Träumer einem anderen Menschen einen Orden, steht dieser für einen bestimmten Teil der Persönlichkeit des Träumenden, den er würdigen will. Sieht der Träumer andere Menschen mit Orden, können sie für ihn Vorbildcharakter haben.

Orgie Das Bedürfnis, geliebt zu werden und ein erfülltes Sexualleben zu führen, kann sich im Traum als Orgie darstellen. Eine Orgie symbolisiert ein hohes Energiepotenzial, das im Wachzustand vom Träumenden zu stark im Zaum gehalten wird.

Papier Der Träumende kann Papier sehen, wenn er sich mehr seinen „Papieren" zuwenden sollte (Bücher, Studium, Akten, Manuskripte etc.), weil er hier noch etwas zu erledigen hat oder weil sein Beruf mit Papier zu tun hat, wie bei einem Briefträger oder Drucker. Dann kommt es darauf an, was mit dem Papier im Traum passiert und wie der Träumer dazu steht (Angst vor Fehlern am Arbeitsplatz, Verlust des Arbeitsplatzes, Überforderung). Muss der Träumende leeres Papier füllen (schreiben oder malen), wird seine Kreativität und Kommunikationsfähigkeit herausgefordert.

Parterre Als Teil des Hauses steht das Erdgeschoss als Bild des Körpers für die Sexualität. Steht die Wohnung oder stehen die Räume dort leer, dürfte der Träumende herbe Enttäuschungen erlebt haben oder noch erleben werden.

Pass Den Pass als Legitimation des Ichs braucht der Träumende auf seinen Reisen, an der Grenze. Einen Pass zu benötigen weist also auf den Wunsch nach Veränderung hin. Vergisst der Träumende seinen Pass, scheint er an seinem Wandlungswillen zu zweifeln. Vielleicht will ein Teil des Ichs reisen, ein anderer nicht. Zeigt der Träumende unaufgefordert seinen Pass, will also seine Identität bestätigen, kann dies auf Minderwertigkeitsgefühle und Unsicherheit hindeuten.

Pfad Pfade sind eng, verschlungen, unwegsam, und man verliert leicht den Überblick, wohin sie führen; es könnten Sackgassen sein. Sie deuten auf schwierige Situationen im

Leben des Träumenden hin. Doch um an sein Ziel zu kommen, bleibt dem Träumer oft kein anderer Weg: Er muss diesen Pfad gehen. Das heißt, dass im Wachleben diese Probleme geklärt werden müssen.

Pferd Das Pferd steht für elementare Lebenskraft, Schnelligkeit, Temperament, Leidenschaft (Sexualität). Der Hengst verkörpert die männliche Vitalität, Potenz und Kraft, die Stute steht für sanfte Mütterlichkeit. Ein Pferd im Traum zu reiten, es zu zügeln, ein durchgehendes Pferd sowie ein Pferd, das seinen Reiter abwirft, stehen für die Fähigkeiten des Ichs im Umgang mit den Eigenschaften, die dem Pferd zugeschrieben werden.

Pflanzen Das zyklische Werden, Aufblühen und Vergehen wird durch Pflanzen symbolisiert. Wandlungen des Ichs, Veränderungen der Lebenssituation können sich im Pflanzenbild niederschlagen. Die Art und Weise, wie die Pflanzen wachsen (wild, in Kultur, in Reihen, gepflegt, gestutzt), lässt Rückschlüsse auf die Fähigkeit des Träumen-

den zu, sein eigenes Wachstumspotenzial zu nutzen. Daneben haben viele Pflanzen magische, heilende oder zerstörerische Kräfte.

Polizist Als Vertreter von Recht und Ordnung, wie auch andere Berufe, die Kontrollfunktionen ausüben (Wachmann, Kontrolleur in der Straßenbahn), steht der Polizist für das eigene Gewissen. Im Leben des Träumers gibt es Verhaltensweisen, die ihn in Konflikt mit den Wert- und Moralvorstellungen der Gemeinschaft bringen. Der Polizist kann ihn im Traum darauf hinweisen.

Preis Muss im Traum ein Preis gezahlt werden, stellt sich die Frage nach dem Preis-Leistungs-Verhältnis. Was erhält der Träumende zu welchem Preis? Ist er sich des Wertes bewusst? Ein Preis, der bezahlt werden muss, kann auch ein Opfer bedeuten, das das Leben dem Träumer abverlangt.

Prostitution Moralische Wertvorstellungen, Mangel an Gelegenheit, unbefriedigende Partnerschaft oder Hemmungen, die das Ich an einer befriedigenden und erfüllten

Sexualität hindern, können sich in Träumen von Prostitution, Dirnen, Bordellen etc. niederschlagen. Für einen Liebesdienst zu zahlen oder bezahlt zu werden vermittelt oft das Gefühl von Minderwertigkeit oder Wertlosigkeit, das sich auf die Partnerschaft übertragen lässt.

Quadrat Das Quadrat ist ein Symbol der Ordnung, der Ganzheit und der Vollkommenheit. Es steht für alles Irdische (im Gegensatz zum Himmel) sowie auch für das umfassende, weibliche Prinzip. Wird von Quadraten oder auch Würfeln geträumt, strebt der Träumer nach Perfektion. *(siehe Seite 230)*

Quarantäne Ein Gefühl der Isolation kann sich im Traum durch den Zustand der Quarantäne zeigen. Muss der Träumer ein Tier in Quarantäne geben, kann dies darauf hindeuten, dass er unfähig ist, mit den verletzlichen, animalischen Aspekten seines Ich oder eines anderen Menschen umzugehen. Oder er muss seine Instinkte für kurze Zeit unterdrücken, weil Wichtigeres ansteht.

Quelle Eine Wasserquelle ist ein positives Traumbild. Es deutet auf neue Energien hin, die dem Träumenden zur Verfügung stehen (Jungbrunnen, Lebensquell, Fruchtbarkeit). Die Quelle ist ein Symbol für Jungfräulichkeit, Reinheit und Hingabe. Die Begegnung mit einer Quelle kann den Träumenden auf den Ursprung und die Stärke seiner eigenen Seelenkräfte verweisen.

Quittung Eine Quittung erhält der Träumende, wenn er „eine Rechnung offen" hat. Eine Angelegenheit muss dringend geklärt werden.

Regen Regen ist ein Fruchtbarkeitssymbol. Er steht für geistige, schöpferische Kraft, die dem Ich zuteil wird. Sind Regentropfen als Tränen zu verstehen, deuten sie auf Trauer und Traurigkeit. Der Träumende ist sich eines Verlusts bewusst und lässt seinen Gefühlen freien Lauf.

Reise Seine Lebensstationen erfährt der Träumende auf einer Reise. Eine Reise ist ein Standortwechsel, den der Träumer herbeiwünscht oder auch ablehnt. Sie bedeutet

Wandlung des Ichs, äußere Veränderungen, Ende einer Lebensphase und Neubeginn.

Restaurant Ein Restaurant als Traumschauplatz kann Kontaktfreudigkeit, Aufgeschlossenheit, Geselligkeit und den Wunsch nach Abwechslung versinnbildlichen. Aber auch Oberflächlichkeit und Vergnügungssucht sind in einem Restaurant zu Hause. Zum Essen in ein Restaurant zu gehen kann auch den Wunsch ausdrücken, Hemmungen und Kontaktschwierigkeiten zu überwinden.

Rose Die Rose ist Sinnbild tiefer Liebe, Zuneigung und Verehrung. Sie überreicht zu bekommen ist sehr beglückend. Rosen können auch den Wunsch nach tiefen und intensiven Gefühlen in der Partnerschaft ausdrücken. Da Rosen auch Dornen haben, liegen hier Glück und Leid nahe beieinander. Welkende oder schwarze Rosen weisen auf absterbende, erkaltende und enttäuschte Gefühle hin.

Rot Die Farbe Rot hat etwas Leidenschaftliches, Sinnliches, aber auch Kämpferisches und Zerstörerisches. Sie ist eine Warn- und Signalfarbe. Sie kann Liebe, Hingabe und Barmherzigkeit bedeuten, aber auch Bedrohung, Laster und Verführung.

Rücken Der Rücken ist die dem Träumer abgewandte Seite. Er symbolisiert das Unbewusste, die Stelle, an welcher der Träumende verletzbar ist, weil er nicht sehen kann, was auf ihn zukommt. Ein krummer Rücken bedeutet aber auch, dass der Träumer nicht genug Rückgrat beweist oder sich unter einer Last beugen muss. Sieht er nur noch den Rücken einer anderen Person, leidet der Träumende unter einer Zurückweisung.

Rudern Wichtig für die Deutung ist der Zustand des Rudernden und wie er das Rudern ausübt. Das Rudern ist eine mühsame körperliche Arbeit. Der Rudernde kann ins Schwitzen kommen, er bekommt Blasen an den Händen, er hält nicht Kurs oder kommt kaum von der Stelle. Das Boot, das übers Wasser gerudert wird, ist wie alle Fortbewegungsmittel ein Zeichen für den Lebensweg des Ichs.

Ruine Wenn etwas in Trümmern liegt, kann es zerstört worden sein oder aus Vernachlässigung verfallen sein. Hat der Träumende sein Haus in Trümmer gelegt, muss er sich darüber klar werden, dass er selbst zerstörerische Kräfte besitzt, die seinem Haus/Ich/Körper Schaden zufügen. Ist es zerstört worden, muss der Träumer herausfinden, an welcher Stelle er verwundbar ist. Ist Vernachlässigung schuld an der Zerstörung, sollte der Träumer sein Denken und Handeln gezielter für sich selbst einsetzen. *(siehe rechts)*

Samen Der Samen symbolisiert das geistige Potenzial und die realen Möglichkeiten des Träumenden. Er muss den Samen nur noch ausbringen, zum Keimen bringen und ein wenig pflegen. Ansonsten würden hier Fähigkeiten brachliegen und Kräfte vergeudet.

Sand Was aus Sand gebaut ist, ist kurzlebig. Sandburgen und Fußspuren im Sand werden von der Flut hinweggespült. Beschäftigt sich der Träumende mit Sand, scheinen die realen Dinge eine Illusion zu sein. Auch Treibsand ist

ein Bild für die Unfähigkeit des Träumers, zu entscheiden, auf welche Grundlagen er sein Leben aufbaut.

Schatten Der Schatten ist die dunkle Seite der eigenen Persönlichkeit. Er verbreitet meist Furcht beim Träumenden, weil er sich mit unangenehmen, im Wachsein verdrängten Eigenschaften konfrontiert sieht. Werfen andere Personen einen Schatten auf den Träumenden, fühlt er sich ihnen gegenüber im Nachteil, untergeordnet.

Schatz Die Suche nach einem Schatz bedeutet für den Träumenden die Suche nach etwas Verlorengeglaubten, meist Teile seiner eigenen Persönlichkeit. Der Schatz steht also versteckte Fähigkeiten. Vergräbt der Träumer einen Schatz, will er für schwere Zeiten vorsorgen, sich gegen anstehende Konflikte wappnen. Der Schatz kann sowohl materielle Bedeutung haben im Sinne von Gewinn als auch geistige in der Deutung von Erkenntnis.

Schere Als Werkzeug macht eine Schere einen sauberen Trennungsschnitt. Der Träumende, der eine Schere benutzt, will also etwas auseinander schneiden, zurechtschneiden oder aber unsaubere Kanten glätten. Dabei muss dieser Schnitt mit Präzision und Überlegung erfolgen, ein Schnitt ist endgültig. Hier kann sich die Angst des Träumenden zeigen, im Leben einen nicht wieder gutzumachende Fehler zu begehen. Will er an persönlichen Dingen etwas abschneiden, möchte er etwas aus seinem Leben entfernen – Verletzungen, seelischen Schmerz, eine schlechte Beziehung. Eine scharfe Schere kann auch für die Art der Kommunikation stehen: „scharfe Zunge“, „schneidende Bemerkungen“, entweder vom Träumer selbst oder von anderen, die den Träumenden damit verletzen.

Schiff Wasserfahrzeuge betonen, anders als andere Fortbewegungsmittel wie Auto, Zug und Flugzeug, die Lebensreise in Beziehung zu anderen Menschen. Eine Schiffsreise sagt nicht nur etwas über die Persönlichkeit des Träumenden aus, sondern auch über seine Kommunikationsfähigkeit und Gruppenzugehörigkeit. Wie das Lebensschiff gesteuert wird, ob es in einen Sturm kommt, ob starke Winde oder Strömungen herrschen, ob die Stimmung an Bord gut ist oder nicht, ob das Schiff seetüchtig ist oder die Maschinen ausfallen – alle Details des Traumgeschehens lassen Rückschlüsse auf eine exakte Deutung zu. *(siehe rechts)*

Schlafanzug Einen Schlafanzug oder ein Nachthemd im Traum zu tragen, kann ein Zeichen für Entspannung und Offenheit sein aber es kann auch Angst zeigen, sich eine Blöße zu geben, wenn der Schlafanzug am falschen Ort getragen wird und der Träumer sich schämt.

Schlafzimmer Das Schlafzimmer ist der Ort der Intimität. Dies gilt nicht nur für die Partnerschaft, sondern auch für die Person des Träumenden selbst. Hier darf er ganz er selbst sein. Dieser Raum ist ein Ort der Entspannung, der Ruhe und der Sexualität. Probleme in diesen Bereichen können sich in Schlafzimmerträumen zeigen.

Schlange Das Bild der Schlange ist mit der Sexualität verknüpft. Taucht also eine Schlange im Traum auf, kann es

sich um eine sexuelle Begegnung handeln oder die Angst davor. Eine Schlange steht aber auch für Betrug, Verführung und Vertrauensverlust. Eine Schlange kann ebenso für die Angst des Träumenden stehen, etwas nicht mehr unter Kontrolle zu haben: Ein Problem entzieht sich wie eine sich windende Schlange dem Zugriff. Ist die Schlange ein Seelentier, so ist sie ein Wandlungs- und Wiedergeburtssymbol. Eine Schlange, die sich in den Schwanz beißt und somit zum Kreis wird, ist ein Symbol der Vollkommenheit sowie großer geistiger Energie und Macht.

Schleier Ein Schleier verbirgt ein Geheimnis. Dies kann für den Träumenden ein Geheimnis seines Unbewussten, seiner Persönlichkeit sein, das im Traum noch hinter einem Schleier verborgen ist. Oft zum Schutz des Träumenden, weil er es noch nicht verarbeiten kann. Oder etwas wird von anderen verborgen, sodass der Träumer in Unwissenheit bleibt. Hier fordert ihn der Traum auf, nachzuforschen, um sich Gewissheit zu verschaffen.

Schlinge Eine Schlinge weist wie alle Fesseln, ob nun materiell (Fessel, Zügel, Seil, Ketten) oder pflanzlich (Schling- und Kletterpflanzen), auf die Angst des Träumenden hin, durch eine Person oder Umstände gefesselt zu sein oder zu werden. Die Fesselung bedeutet eine Einschränkung seiner Freiheit (Bewegung, Gedanken, Gefühle) und Handlungsunfähigkeit.

Schloss Etwas, das sich „hinter Schloss und Riegel", hinter einer versperrten Tür befindet, weist auf die Verschlossenheit des Träumenden hin oder darauf, dass er mit etwas abgeschlossen hat. Es kann sich dabei um Verhaltensweisen, Gefühle und/oder zu lösende/gelöste Probleme handeln. Wird dem Träumenden der Zugang verweigert, kann es sein, dass ihm nun ein Zufluchtsort nicht mehr zur Verfügung steht und er sich neue Strategien überlegen muss.

Schlüssel Erhält der Träumende einen Schlüssel, wird ihm die Möglichkeit gegeben, mit eigenen Mitteln einen Konflikt zu lösen. Für den Träumer bedeutet dies Veränderungen der Lebensumstände, der Angewohnheiten, der Denkweisen.

Schmuck Trägt der Träumer Schmuck oder möchte es, ist dies ein Wunsch nach Anerkennung. Schmuck steht einerseits für das Selbstbild des Träumenden, der sich selbst respektiert. Er hat wertvolle Eigenschaften, die er auch zeigen möchte. Schmuck zu tragen kann aber auch den Hang zur Selbstdarstellung symbolisieren und den Wunsch, andere zu beeindrucken. Schmuck als Geschenk kann Zeichen der Liebe und Wertschätzung sein.

Schuhe Auch wenn mit dem Hineinschlüpfen in den Schuh, wie auch in den Handschuh, der Geschlechtsakt gemeint sein kann, ist der Schuhtraum doch meist ein Hinweis auf den geistigen und seelischen Standpunkt des Träumenden im Leben: Pantoffeln = Bequemlichkeit; Stiefel = Durchsetzungskraft. Bei der Deutung zu beachten ist Passform und Zustand der Schuhe sowie der Anlass, zu dem sie getragen werden.

Sechs Die Sechs steht als Zeichen für die Ausgeglichenheit und Harmonie zwischen Mann und Frau, zwischen männlichen und weiblichen Anteilen der eigenen Persönlichkeit.

See Der See als Gewässer deutet zwar ebenso wie das Meer auf das kollektive Unbewusste hin, ist als Traumbild aber nicht so intensiv, weil er nicht die Dimensionen der Weite und Tiefe besitzt, den atmosphärischen Bedingungen (Wetter, Ebbe und Flut) nicht so ausgeliefert ist und es keine größeren Überflutungen geben kann. So bedeutet der See einen insgesamt ruhigeren Lebensabschnitt des Träumenden mit mehr Besonnenheit und Beschaulichkeit. Aber auch hier ist zu beachten: Wasser hat keine Balken. Wer aber die Kräfte des Sees, des Unbewussten, zu nutzen weiß, dem steht die innere Welt seiner Gefühle und Fantasie zur Verfügung. Der See steht zugleich für die dunkle Seite des Weiblichen (Nixen, Nymphen, Wasserfrauen), mit der der Träumer sich auseinander setzen muss.

Sieben Mit der Sieben verbinden sich Magie, Wandlung des Ichs und Vollendung (Schöpfung, Wochentage).

Spaziergang Ein gemächlicher Spaziergang weist den Träumenden darauf hin, dass er im Leben vielleicht die Dinge etwas ruhiger angehen sollte. Dies kann der Fall sein, wenn der Träumer sich bei der Arbeit gehetzt fühlt, er unter Zeitdruck steht oder wenn er in der Liebe vor Leidenschaft brennt.

Spiegel Der Spiegel zeigt das Ich oder das, was hinter dem Ich vor sich geht. Ein Selbstbild im Spiegel kann eine Überprüfung von Innen und Außen sein. Sieht sich der Träumende so, wie er sich auch im Inneren fühlt, also authentisch, oder gibt der Spiegel ein verzerrtes, unscharfes Bild wieder? Dann macht sich der Träumende vielleicht Sorgen um sein Verhalten in der Vergangenheit, oder es fällt im schwer, sich selbst zu verstehen. Spiegelbilder können auch Angst vor dem Älterwerden oder um die Gesundheit ausdrücken. Sieht der Träumer, was hinter seinem

Rücken vorgeht, will er einen Sachverhalt überprüfen, ohne dass es auffällt.

Stadt Die Stadt ist ein Symbol für das soziale Umfeld des Träumenden, seine Gruppenzugehörigkeit. Sie hat einen weiblichen Aspekt und steht auch für Schutz, Geborgenheit und Sicherheit.

Suche Die Suche im Traum ist als Aufgabe zu verstehen. Der Träumende ist sich dessen bewusst, dass er nur weiterkommt, wenn er diese Suche aufnimmt und sie erfolgreich bewältigt. Für die Deutung ist ebenfalls wichtig, wie der Träumende mit der Suche zurechtkommt und wie das Ergebnis aussieht.

Tal Obwohl das Tal als Wegstrecke des Lebens einen ruhigen Abschnitt andeutet, ist es doch auch ein Tiefpunkt im Leben des Träumenden. Es kann eine passive oder depressive Phase andeuten. Wenn das Tal sehr eng, eingeschlossen von hohen Bergen und ohne Sonne im Traum erscheint, zeigt es Krankheiten oder Verluste an. In ein Tal hinabsteigen bedeutet auch, den Weg in sein Inneres zu gehen. Aus einem Tal heraufsteigen zeigt, dass die Zeit der Selbsterkundung abgeschlossen ist.

Tanz Der Tanz ist ein Symbol der Befreiung, auch der Initiation. Im Verschmelzen des Tänzers mit Musik und Rhythmus wird Heiterkeit und Lebensfreude dargestellt. Auch erotische Aspekte liegen im Bild des Tanzes. Im Tanz kann sich das Ich dem Objekt seiner Begierde nähern.

Tasche Als zumeist weibliches Accessoire verweist eine Tasche auf die Aspekte der Weiblichkeit. Eine Tasche kann die weibliche Identität zur Geltung bringen oder sie verstecken. Hier kommt es auf Funktion und Inhalt an. Ist eine Rock-, Hosen- oder Manteltasche gemeint, beschäftigt sich der Träumende mit seinen persönlichen Geheimnissen und Gedanken, die er gerne vor anderen verborgen hält.

Taube Als allgemeines Symbol steht die Taube für Frieden und friedliches Miteinander, das von Liebe und Respekt geprägt ist. Eine Taube kann auch die schöpferische Kraft bedeuten, die zwischen zwei Menschen entstehen kann, die sich gegenseitig geistig bereichern.

Tauchen Der Träumende kann das Tauchen als Wegtauchen, Abtauchen oder Fliehen einsetzen, wenn er sich der Wahrheit und Erkenntnis, die ihm sein Unbewusstes zeigen will, entziehen will. Will der Träumer dagegen ins Wasser eintauchen, ist er bereit für eine Reise in sein Inneres. Tauchen ist mit Risiko verbunden: Es erfordert Können, Konzentration und Aufmerksamkeit. Diese Fähigkeiten sind vielleicht auch im Leben vom Träumenden gefordert, um ein Projekt erfolgreich abzuschließen.

Telefon In seiner Funktion als Kommunikationsmittel zeigt ein Traumtelefon, wie es mit der Kommunikationsfähigkeit des Träumenden bestellt ist. Gute und störungsfreie Verbindungen lassen auf vielfältige Kontakte und Freude daran schließen. Können Störungen beim Telefonieren noch im Traum behoben werden, ist der Träumende bemüht, seine sozialen Beziehungen zu verbessern.

Theater Die Bühne des Lebens spiegelt sich im Theater wider. Handlung und Besetzung des Theaterstücks, das der Träumende inszeniert, haben direkten Bezug zur Lebenswirklichkeit. Steht der Träumende im Rampenlicht, möchte er wahrgenommen werden, ist er Zuschauer, soll er vielleicht besser zuhören, was ihm seine Umwelt mitzuteilen hat. Sieht er ein Drama oder eine Komödie, kann das die Grundstimmung beschreiben.

Toilette Eine Toilette im Traum ist der Ort, an dem der Träumende seinen seelischen Abfall loswerden kann, ein Ort der inneren Reinigung. Das Aufsuchen einer Toilette kann darüber hinaus auch den Wunsch des Träumenden nach mehr Intimität oder Privatsphäre ausdrücken. Nur auf der Toilette, wenn er allein und unbeobachtet ist, kann er seinen Gefühlen freien Lauf lassen. *(siehe links)*

Treppe Die Treppe verbindet die verschiedenen Etagen eines Hauses. Sie ist somit ein Symbol für die Befindlichkeit unseres Körpergefühls. Ist das Treppenhaus „von Kopf bis

Fuß“ in Ordnung, ist der Mensch ausgeglichen. Fehlen Treppenstufen oder Geländer, brechen Treppen ab oder stürzen ein, lässt das auf Unsicherheit und Anstrengungen im Leben schließen. Steigt der Träumende eine Treppe hinauf (Dach = Kopf), handelt es sich um einen Bewusstwerdungsprozess, steigt der Träumende hinab (Keller = Unterbewusstsein), dann führt ihn der Weg in seine seelischen Tiefen. *(siehe rechts)*

Tunnel Die Bereitschaft des Träumenden, sich in einen Tunnel zu begeben, zeigt, dass er sein Unbewusstes besser verstehen möchte. Der Tunnel kann auch den Geburtskanal verkörpern, dann steht das Licht am Ende des Tunnels gleichsam für eine Wiedergeburt. Das Ende seiner Nachforschungen im Unbewussten steht an und hat eine Transformation bewirkt. *(siehe Seite 254)*

Tür Türen sind die Zugangsmöglichkeiten zu den Zimmern und Räumen eines Hauses, zur eigenen Persönlichkeit. Sie kennzeichnen Übergänge zwischen Persönlich-

keitsanteilen oder Lebensphasen. Sie können auch die Einblicke und Ausblicke aus dem eigenen Ich und ins Ich verdeutlichen. Dementsprechend sind verschlossene, offene oder fehlende Türen zu deuten.

Turm Der Turm hat eine Schutzfunktion, er ist das Bollwerk des Ichs gegen äußere Einflüsse auf das Innerste. Ein Turm ermöglicht aber auch einen besseren Überblick, Ausblick auf das Geschehen um die eigene Person. Er steht dann für Erkenntnis. Für die Deutung ist es wichtig, wie der Turm gebaut ist (Fenster, Türen), in welchem Zustand er sich befindet (Ruine), wie der Träumende hineinkommt und wie seine Gefühle im Turm sind.

Übelkeit Ist dem Träumenden übel, ekelt er sich oder muss er sich sogar übergeben, sind diese Symptome Zeichen dafür, dass ihm etwas „im Magen liegt". Der Träumer muss Verdorbenes oder nicht richtig Verdautes von sich geben, damit er sich wieder besser fühlt. Der Magen als Sitz der Gefühle zeigt vielleicht eine seelische Belastung an, bevor sie dem Träumenden bewusst wird. Ein Traum von Erbrochenem kann aber auch in Beziehung zu den Menschen gesetzt werden, die das Erbrochene sehen, riechen oder entfernen müssen. Hier wird von dem Träumenden Rücksicht gefordert, sich eventuell verbal zurückzuhalten, weil es sonst für seine Mitmenschen unangenehm ist.

Überqueren Etwas im Traum überqueren zu müssen – eine belebte Straße, ein offenes Feld, einen reißenden Fluss oder Abgrund – kann im Angesicht der Gefahr der Aktion bedeuten, dass der Träumende Angst vor Kontrollverlust hat, Unsicherheit oder Zweifel ihn befallen. Der Aufbruch zu neuen Ufern, Grenzüberschreitungen, Seitenwechsel korrespondiert mit dem Übergang in eine neue Lebensphase, mit dem Ende eines beruflichen Projekts oder einer Beziehung, mit der Änderung eines geistigen Standpunktes.

Überschwemmung Erlebt der Träumende ein Hochwasser, wird er von seinen Gefühlen und Trieben, seinem Unterbewusstsein, überschwemmt. Je nachdem wie die

Überschwemmung erlebt wird, wird auch das Ich mit der überbordenden Energie fertig.

Uhr Taucht im Traum eine Uhr auf und die Uhrzeit ist erkennbar, dann sollte der Träumende ein besseres Zeitgefühl entwickeln, seine Zeit besser einteilen und planen. Die Uhr verweist auf Vergänglichkeit, sie mahnt, Dinge zur rechten Zeit zu tun, und erinnert an Pflichtgefühl. Die Zahlen können ebenfalls eine Bedeutung haben. Ein übertriebener Sinn für Pünktlichkeit kann einen bis in den Traum verfolgen. Man kommt zu spät zu wichtigen Terminen (Schule, Vorlesung, Meeting). Der Träumer sollte die Dinge ein wenig entspannter angehen. Es ist nicht so furchtbar tragisch, wenn man einmal zu spät kommt.

Umwandlung Ändern sich Dinge, Personen, Landschaften während des Traums, zeigen sie eine Bewusstseinsveränderung an. Ein anderer Blickwinkel auf das Geschehen fordert auf, den Standpunkt der eigenen Betrachtungsweise zu ändern, zu überdenken. *(siehe Seite 258)*

Umzug Steht nicht wirklich ein Umzug im Leben des Träumenden an, bedeutet der Traumwunsch, seine enge, verwohnte, hinsichtlich der Räumlichkeiten unpassend gewordene Wohnung oder sein Haus zu verlassen, darauf, dass der Träumer geistige oder seelische Veränderungen durchlebt.

Unfall Ist der Unfall im Traum nicht auf die Verarbeitung eines tatsächlich geschehenen Unfalls zurückzuführen, flüchtet der Träumende durch einen Unfall aus seiner Krise. Weil er einen Unfall erleidet, wird er handlungsunfähig und kann sein Problem nicht lösen. Der Unfall dient somit als Entschuldigung.

Ungeheuer Sorgen und Probleme, die der Träumende am Tag nicht beachtet oder gering schätzt, zeigen im Traum ihr wahres Ausmaß.

Uniform Eine Uniform zu tragen steht für Gruppenzugehörigkeit, Autoritätsglauben, Rollenkonformität, aber auch für Selbstdarstellung, Geltungsstreben und Machtanspruch. Trägt der Träumende zu Recht eine Uniform, hat er sich diesen Anspruch durch seine Fähigkeiten erworben, alles andere ist kritisch zu bewerten.

Unsichtbarkeit Verschwinden Dinge, Personen oder sogar der Träumende selbst, weil sie unsichtbar werden, verdeutlicht das die Verweigerungshaltung des Ichs, sich mit einer Sache weiter auseinander zu setzen.

Unterwäsche Neben der erotischen Bedeutung von Unterwäsche zeigt das Bild des Träumenden, in Unterwäsche zu sein, die Angst, sich unpassend zu benehmen, nicht in diesen Kreis zu passen oder nicht angemessen aufzutreten. In Unterwäsche auf einem Ball zu erscheinen ist peinlich. Der Träumende schämt sich seiner selbst oder seines Habitus.

Urwald Kletter- und Schlingpflanzen, undurchdringliches Unterholz, Dämmerlicht, unbekannte Tiere, Geräusche und Gerüche. Der Urwald ist in seiner Intensität ein Bild des Chaos, der ursprünglichen Triebe, großer Vitalität und

Anpassung an das Leben. Im Traum verkörpert der Urwald Unzuverlässigkeit, Spontaneität und Egoismus. Schlägt sich der Träumer einen Weg durch das Dickicht, weiß er, dass er sein Leben mit Disziplin, Kraftanstrengung und Pflichtbewusstsein in geordnetere Bahnen lenken muss.

Vater Der Vater im Traum (König, Kaiser, Direktor, Vorgesetzter) verkörpert die natürliche Autorität und traditionelle Ordnung. Er kann im Traum Helfer oder Gegenspieler sein. Bei Männern ist es oft der Gegenspieler. Er hilft dem Träumenden, sich vom Elternhaus und väterlichen Vorbild zu lösen, um zur eigenen Weltsicht zu gelangen. Träumt die Frau vom Vater, träumt sie von einem idealen Bild des Männlichen, wie sie es in ihrer Kindheit entwickelt hat. Wie schon beim Mutterbild des Traumes ist auch hier bei der Deutung das reale Verhältnis zum Vater zu berücksichtigen.

Verkleinern Wenn reale Dinge oder Personen im Traum plötzlich kleiner als in Wirklichkeit erscheinen, will das

Unbewusste den Träumenden darauf aufmerksam machen, dass er diese wohl zu gering schätzt. Wird eine Person immer kleiner, kann es sein, dass sie im Leben des Träumers an Bedeutung verliert.

Vier Die Zahl der Himmelsrichtungen, der Jahreszeiten und der Mondphasen beschreibt natürliche Abläufe in ihrer Vollkommenheit. Sie steht für Stabilität, Erhalt des Erworbenen und der ordnenden Kräfte der Natur.

Violett Diese Farbe steht für innere Einkehr und Besinnlichkeit, die Suche und das Streben nach Harmonie, Ausgeglichenheit und Vollkommenheit. Auch die Suche nach Gott kann mit Violett in Verbindung gebracht werden.

Vogel Der Vogel ist ein Wesen der Lüfte. Er hat daher geistig-seelischen Charakter. Bestimmte Vögel stehen für bestimmte geistige, seelische Kräfte: Gans = Wachsamkeit; Huhn = praktische Veranlagung; Krähe = Tod; Lerche = Transzendenz; Schwan = Seele. Fliegen Vögel frei in der Traumlandschaft, kann das ein Bild für die Freiheit der Ge-

danken sein, verfangen sich Vögel in Bäumen, Ästen, Netzen, sind die Seelenkräfte verwirrt. *(siehe rechts)*

Waffen Wer von Waffen träumt, unterdrückt seine Aggressionen, statt sie zu artikulieren und zu zeigen. Mit den Waffen will er jemanden oder etwas verletzen. Dies kann im übertragenen Sinn ein Teil seiner eigenen Persönlichkeit sein, den er ausmerzen will, z. B. mit einem Messer wegschneiden. Oder er fühlt sich durch einen anderen Menschen bedrängt, in die Enge getrieben, verbal verletzt, und die einzige Möglichkeit ist, diesen Menschen tätlich anzugreifen. Die Bewaffnung dient also eigentlich dem eigenen Schutz. Fühlt sich der Träumende von Waffen bedroht oder wird er durch sie verletzt, gibt die Waffe selbst Hinweise auf die Problemstellung: Pfeil = Worte; Gewehr/Pistole = aggressive Sexualität; Messer = Heuchelei; Schwert = Glauben.

Wald Der Wald ist das Reich des Abenteuers, des Geheimnisvollen, auch des kollektiven Unbewussten. Im Wald muss der Träumende oft Prüfungen bestehen oder Initiationsriten durchmachen, dort begegnet er sich selbst, seinem innersten Wesen.

Waschen Als Reinigungsvorgang bedeutet es für den Träumenden, sich reinzuwaschen. Ob nun Körper oder Kleider gewaschen werden, etwas, was die Seele belastet (Schuldgefühle), wird abgespült. Wäscht der Träumer andere, drückt das sein Bedürfnis aus, sich um diesen Menschen zu kümmern.

Wasser Wasser symbolisiert die Kräfte der Seele, des Unbewussten und des Weiblichen. Wasser spendet Leben und Kraft, es reinigt und zerstört, es belebt und kann den Tod bringen. Es ist ein geheimnisvolles Element, weil es alles umfließt, verdunsten oder zu Eis erstarren kann. Es kann als Meer wild und unbändig sein, als Fluss reißend, als See träge, als Rinnsal versiegen, als Quelle oder Brunnen durstlöschend sein. Man kann in Wasser eintauchen, ertrinken, schwimmen, von der Strömung mitgerissen werden, schwerelos treiben usw. Man kann Wasser mit Booten, Schiffen, Flößen oder über Brücken überqueren. Jedes Detail ist für die Traumdeutung hilfreich. *(siehe Seite 264)*

Weinen Weinen ist ein Teil der Trauer. Weint der Träumende oder sieht er einen anderen weinen, brechen sich aufgestaute Gefühle Bahn, die einen Verlust verarbeiten. Weinen entlastet den Träumer von seelischem Schmerz und Druck und macht ihn aufnahmefähig für Neues. Weinen kann Phasen des Übergangs symbolisieren.

Weiß Weiß ist die Farbe der Unschuld und Reinheit, auch der Enthaltsamkeit und Kühle. Im asiatischen Raum ist sie die Farbe der Trauer und des Todes.

Wiege Die Wiege kann einen Neuanfang bedeuten oder aber den Wunsch, wieder ein Kind sein zu dürfen, auf der Suche nach Geborgenheit. Selten ist sie als hellseherisches Zeichen für eine Schwangerschaft zu deuten.

Wiese Als Symbol für Freude und Wachstum steht die Wiese. Abgesehen von den angenehmen Erinnerungen, die der Träumende mit einer Wiese verbindet, deutet sie auf das Werden und den Fortschritt hin. Jemand, der über eine Wiese läuft, ist erfolgreich. *(siehe Seite 269)*

Wind Als Symbol für den Intellekt bringt der Wind dem Träumenden neue Ideen, Leichtigkeit und Vergnügen. Wo starke geistige Energien freigesetzt werden, kann sich der Wind zum Sturm erheben, oder es herrscht Windstille in der meditativen Versenkung. Ist der Sturm bedrohlich, kann es ein Hinweis auf Gewalt sein.

Wolf Das unbezähmbare Tier im Menschen wird durch das Bild des Wolfs verdeutlicht. Er steht für Triebhaftigkeit und Aggressivität. Einen Wolf im Traum sollte sich der Träumende nicht zum Feind machen, eher zum Freund, denn als Rudeltier hält der Wolf zu seinesgleichen.

Wüste Allein in der Wüste zu sein spricht für Einsamkeit, Isolation und eine schwierige Lage. Der Träumende muss sich seine Schritte und Strategien genau überlegen, um die Wüste lebend zu überwinden. Ist er mit einem anderen

Menschen in der Wüste, scheint diese Verbindung fruchtlos zu sein. Begibt sich der Träumende in die Wüste, sucht er eventuell einen menschenleeren Ort zur Besinnung.

X Das Zeichen X steht wie in der Mathematik für das Unbekannte in einer Gleichung, das erst noch entschlüsselt werden muss. Das X ist aber auch eine Markierung, wie auf einer Schatzkarte. Bezeichnet es einen Gegenstand oder Menschen, muss diesem besondere Beachtung geschenkt werden.

Xanthippe Das Bild der zänkischen (Ehe-)Frau kann als Hinweis auftauchen, uns nicht auf einen kleinlichen Streit einzulassen, sondern souverän über den Dingen zu stehen.

Y Das Y ist ein Symbol für die spirituelle Suche, für die Vereinigung von Gegensätzlichem. Es kann in der Form der Wünschelrute oder einer Astgabel auftauchen.

Yin und Yang Das fernöstliche Symbol steht für die Balance zwischen Gegensätzen. Es ist dynamischer Ausgleich zwischen dem instinktiven, intuitiven Weiblichen und dem aktiven, rationalen Männlichen. Erst wenn diese Kräfte sich ergänzen und ausbalancieren, entsteht ein perfektes Ganzes (Gleichgewicht).

Zahlen Träume von Zahlen können reale Bedeutung als Teil einer Telefonnummer, Adresse oder eines Datums haben. Wenn dies nicht zutrifft, aber explizit auf eine bestimmte Zahl hingewiesen wird, hat sie eventuell symbolische Bedeutung.

Zähne Zähne sind Werkzeug (Essen zerkleinern, Verpackung aufreißen) und Waffe (beißen). Was wir mit Zähnen tun, ist energiegeladen und zielgerichtet. So stehen Zähne für unser Energiepotenzial, unsere Lebenskraft und sexuelle Potenz. Was der Träumer mit seinen Zähnen im Traum tut (beißen, zermalmen) oder was mit seinen Zähnen passiert (ausfallen, wachsen), lässt Rückschlüsse auf seinen emotionalen Zustand zu. *(siehe Seite 272)*

Zauberstab Wer einen Zauberstab im Traum benutzen kann, ist sich seines Einflusses und seiner Macht über

andere Menschen bewusst. Wird ein Zauberstab gegen den Träumenden eingesetzt, verdeutlicht dieses Bild, dass es etwas im Leben des Träumers gibt, das ihn stark suggestiv (positiv oder negativ) beeinflusst, und er das weiß.

Zaun Der Zaun ist eine Grenze zwischen privatem Lebensbereich und sozialem Miteinander. Wofür der Zaun steht – als Ausgrenzung oder als Schutz des Privaten, als Schwierigkeit, zu anderen Kontakt aufzunehmen, als Einschränkung der Individualität –, ergibt sich aus dem Traumzusammenhang. Meist wird dem Träumenden die Aufgabe gestellt, diesen Zaun zu überwinden. *(siehe Seite 275)*

Zehn Die Zehn ist die erste zweistellige Zahl: Eins und Null. Sie bedeutet Vollendung und einen Neuanfang.

Zeit Die Zeit im Traum wird zwar nicht real gemessen, aber der Träumende hat dennoch ein Traumzeitgefühl. Er steht unter Zeitdruck (Überforderung), er kommt zu früh (ein Ereignis wird vom Träumenden ersehnt/gefürchtet) oder zu spät (Unaufmerksamkeit, verpasste Chance).

Zeitung In einer Zeitung findet der Träumende wichtige Informationen. Die Zeitung vermittelt ihm wie auch anderen öffentlich zugängliches Wissen. Der Träumende will sich dieses Wissen aneignen, er will seine Umwelt besser verstehen. Er will mitreden können. Ist die Zeitung unlesbar, versteht er die Inhalte nicht, fühlt sich der Träumer vielleicht vom aktuellen Geschehen ausgeschlossen.
Zelt Die Dreiecksform des Zeltes erinnert an das Hausdach, das Dach über dem Kopf. Die Mobilität des Zeltes mahnt den Träumer aber daran, flexibler im Denken und Handeln zu sein. Ein Zelt steht für ein Nomadenleben, Leben im Einklang mit der Natur, Selbstgenügsamkeit und Unabhängigkeit. Es fordert den Träumer vielleicht heraus, Abstand von seinem Alltag zu nehmen und vieles zu überdenken. Es kann aber auch grundlegend bedeuten, dass der Träumer nicht bereit ist, sesshaft zu werden.
Zerbrechen Wenn Gegenstände zerbrechen, deutet das auf einen Verlust oder eine Verletzung hin. Eine Verände-

rung im Leben steht an oder die Trennung von Althergebrachtem. Besonders wenn Gegenstände vom Träumer selbst zerbrochen werden, ist dies ein Aufruf, endlich aktiv zu werden. Ideale und Hoffnungen können zerbrochen sein, oder das Vertrauen in einen Menschen ist erschüttert. Brechen Körperteile wie Arme, Hände oder Beine, ist dies eine Einschränkung der Beweglichkeit und auch der Handlungsfähigkeit im übertragenen Sinn.

Zerkleinern, Zerstückeln, Zerstören Etwas zerkleinern, zerstückeln oder zerstören ist eine aggressive Handlung. Was zerstückelt wird – Personen oder Dinge –, gibt Auskunft, gegen was oder wen sich die Aggression richtet.

Zettel Stehen wichtige Notizen auf einem Zettel, der im Traum nicht lesbar ist, verlegt oder vergessen wurde, dann sollte der Träumende seine „Zettelwirtschaft" überdenken, d.h., Ordnung in seine sozialen Beziehungen bringen.

Ziege Die Ziege ist ein genügsames, anpassungsfähiges Tier, hat aber eine allzu menschliche Eigenschaft: Sie meckert. Der Meckerziege kann der Träumende nichts recht machen. Vielleicht ist sie aber zu einem Teil berechtigt und weist tatsächlich auf einen wunden Punkt hin. Der Ziegenbock ist ein Symbol stolzer Männlichkeit und Triebkraft.

Ziel Im Traum ein Ziel zu erreichen korrespondiert mit einer Zielsetzung des Träumers im Leben. Er setzt seine Energie zielgerichtet ein. Wird hingegen das Ziel verfehlt, sollte der Träumer noch einmal alles überprüfen, was für das Erreichen seines Ziels notwendig ist. Vielleicht hat er etwas übersehen.

Zimmer Wenn das Haus ein Symbol für die gesamte Persönlichkeit des Träumers ist, so ist das Zimmer als Teil von ihm zu deuten. Ein verschlossenes Zimmer bedeutet: Hier ist etwas, das der Träumende für sich behalten will, oder es ist ein Bereich der Persönlichkeit, der dem Träumenden selbst bislang verschlossen war. Umherwandern in den verschiedenen Räumen ist eine Suche.

Zittern Jemand kann aus Angst, Aufregung, Erregung oder einfach vor Kälte zittern. Wenn nicht Gefühlskälte gemeint ist, steht der Träumende kurz vor Abschluss einer wichtigen Veränderung in seinem Leben. Er zittert im wahrsten Sinn des Wortes dem Höhepunkt entgegen.

Zoll Am Zoll muss der Träumende zeigen, dass er nichts zu verbergen hat. Er muss korrekt den Aufforderungen des Zöllners nachkommen. Wird er beim Schmuggeln ertappt, wäre das ein Hinweis, dass der Träumende den Anforderungen nicht gerecht wird. Er versucht, sich durchzumogeln. Was muss der Träumende am Zoll vorzeigen, welche Sache versuchte er zu schmuggeln?

Zopf Der Zopf ist ein Symbol der Weiblichkeit, der Sensibilität. Ein geflochtener Zopf, der aus drei Strängen besteht, steht für die Einheit von Körper, Geist und Seele. Diesen Zopf zu flechten und zu tragen ist ein Zeichen für die Fähigkeit, die verschiedenen Einflüsse des Lebens zu einem Ganzen zu ordnen. Junge Mädchen tragen einen

Zopf als Zeichen der Reinheit und Unschuld. Als Zeichen der inneren und äußeren Wandlung zur Frau wurde früher der Zopf dann zur Krone auf dem Kopf hochgesteckt. Der Zopf kann auch mit altmodisch oder altbacken in Verbindung gebracht werden. In dieser Bedeutung fällt es dem Träumer schwer, sich von alten Gewohnheiten zu trennen. Er sollte „einen alten Zopf abschneiden".

Zug Als Fortbewegungsmittel stellt der Zug im Traum den Lebensweg oder einen Lebensabschnitt des Träumenden dar. Eine Entwicklung oder eine Veränderung steht an. Eine Zugfahrt beinhaltet auch ein kommunikatives Element: Der Reisende muss seinen Mitreisenden aufgeschlossen und kontaktfreudig begegnen, damit er eine angenehme Zugfahrt hat.

Zügel Mit Zügeln hält der Träumende etwas im Zaum: Gefühle, Triebe und Kraft. Oder er wird im Zaum gehalten, dann erlebt er dies als Zwang. Wenn Zügel reißen, befreit sich der Träumer von (selbst) auferlegten Zwängen.

Zuhause Das Zuhause ist der Ort der Sicherheit, des Schutzes und der emotionalen Geborgenheit. Im Elternhaus hat das Kind dies normalerweise erlebt. Der Traum vom Nachhausekommen bedeutet eine Rückkehr zu diesem Gefühl, das als Kind erfahren wurde.

Zukunft Von seiner Zukunft zu träumen – ohne dass der Traum nun hellseherische Qualitäten besäße – ermöglicht dem Träumenden, bestimmte Szenarien ohne reale Folgen durchzuspielen. Er übt sozusagen bestimmte Handlungsweisen und Gedankengänge vorab, um sie auch in der Wirklichkeit einsetzen oder vermeiden zu können.

Zwei Aus zwei Stücken setzt sich ein Paar zusammen, auch ein Gegensatzpaar wie gut/böse, hell/dunkel, aktiv/passiv. Widersprüchliches und Gegensätzliches wird in der Zwei verdeutlicht, aber zusammen ergeben sie ein Ganzes, sodass sich Gegensätze aufheben, ein Ausgleich ist möglich.

Zwillinge Erscheinen im Traum Zwillinge, zeigen sie die zwei unterschiedliche Seiten eines einzigen Aspekts. Ge-

gensätzliche Argumente zu einer Sache können durch sie vertreten werden, oder Gefühle können sich konträr gegenüberstehen. Letztlich sind Zwillinge aber eine Einheit, ähnlich wie Yin und Yang.

Zwölf Die Zahl Zwölf ist ein Symbol der Vollkommenheit, der Ganzheit: zwölf Tierkreiszeichen, zwölf Monate, zwölf Jünger usw. Als volle Stunde bedeutet sie ein Ende und einen Anfang zugleich. Um kurz vor zwölf ist es höchste Zeit, aktiv zu werden.

Zylinder Ein Zylinder ist eine besondere Kopfbedeckung, die – zumal heutzutage – nicht zu vielen Gelegenheiten getragen wird. Passt ein Zylinder in das Traumgeschehen, handelt es sich wahrscheinlich um eine feierliche Angelegenheit, mit der der Träumende große Gefühle und Wichtigkeit verbindet. Trägt der Träumer einen Zylinder am falschen Ort, gibt er sich der Lächerlichkeit preis. Eventuell fürchtet der Träumende, sich im Leben mit einer bestimmten Handlung unmöglich zu machen.

Literatur

- Aeppli, Ernst „Der Traum und seine Deutung“ Zürich 1943
- Barth, Diane „Tagträumen. Der Schlüssel zur kreativen Energie“ München 1999
- Baumgarten, Andreas „Träume. Was sie bedeuten“ Niedernhausen 1992
- Bogun, Werner und Straet, Norbert „Traumdeutung und Traumsymbole“ Niedernhausen 1997
- Bonin, Werner „Das Buch der Träume“ Frankfurt/Main, Berlin, Wien 1984
- Busch, Ute und Reinecke, Christoph „Die Botschaft wiederkehrender Träume. Was sie bedeuten, was sie uns sagen“ München 1999
- Dieckmann, Hans „Träume als Sprache der Seele. Einführung in die Traumdeutung der Analytischen Psychologie C.G. Jungs“ Fellbach 1978

- Doucet, Friedrich „So deuten Sie Ihre Träume richtig“ Wien 1978
- Faraday, Ann „Deine Träume – Schlüssel zur Selbsterkenntnis. Ein psychologischer Ratgeber“ Frankfurt/Main 1990
- Fink, Georg „Traumdeutung. Die Bildersprache unserer Traumwelt entschlüsseln“ Niedernhausen 1990
- Fink, Georg „Traumsymbole und was sie bedeuten“ Niedernhausen 1998
- Fontana, David „Die geheimnisvolle Sprache der Träume“ München 1996
- Freeman, Lucy und Kupfermann, Kerstin „Verrückte Fantasien. Tagträume und ihre Bedeutung“ München 1993
- Freud, Sigmund „Die Traumdeutung“ Frankfurt/Main 1980

- Fromm, Erich „Märchen, Mythen, Träume. Einführung in das Verständnis einer vergessenen Sprache“ Reinbek 1981
- Garfield, Patricia „Kreativ träumen“ München 1990
- Gassmann, Christoph „Träume erinnern. Eine Gebrauchsanweisung“ Düsseldorf, Zürich 2000
- Hark, Helmut „Träume als Ratgeber. Deutungshilfen für die Praxis“ München 1993
- Harnisch, Günter „Das große Traumlexikon“ Freiburg i. Br. 2000
- Harnisch, Günter „Träume verstehen und selbst gestalten“ Stuttgart 1990
- Jouvet, Michel „Die Nachtseite des Bewusstseins. Warum wir träumen“ Reinbek 1994
- Jung, Carl Gustav „Traum und Traumdeutung“ München 1997

- Kurth, Hanns „Lexikon der Traumsymbole“ München 1991
- Lorenz, Siegfried „Die Botschaft der Träume, Anleitung zum kreativen Umgang mit Träumen“ Berlin 2001
- Maaß, Frank Uwe und Naumann, Frank „Was Träume uns raten. Botschaften des Unbewussten entschlüsseln und nutzen“ Berlin 1999
- Meier, Paul und Wise, Robert „Träume. Fenster der Seele“ Moers 1996
- Perls, Fritz „Grundlagen der Gestalt-Therapie. Einführung und Sitzungsprotokolle“ München 1982
- Scheidt, Jürgen vom „Geheimnis der Träume. Wie man sie entschlüsseln und sich selbst besser verstehen kann“ München 1992

- Schlobohm, Annelie „Bilder unserer Träume verstehen. Die Signale des Unterbewussten deuten, verborgene Wünsche und Lebensmotive entdecken“ München 1995
- Strauch, Inge und Meier, Barbara „Den Träumen auf der Spur. Ergebnisse der experimentellen Traumforschung“ Bern 1992
- Strömsdörfer, Lars „Wenn die Seele Ausgang hat. Rund um den Schlaf“ Frankfurt/Main 1992
- Thomas, Klaus „Träume – selbst verstehen. Wie sie entstehen, was sie bedeuten, warum sie heilen“ Stuttgart 1983
- Vollmar, Klausbernd „Das Arbeitsbuch zur Traumdeutung“ München 1994
- Zimmer, Dieter „Wenn wir schlafen und träumen. Die Nachtseite unseres Lebens“ München 1984